間違いだらけのオトコ選び

藤よしのり

SEIKO SHOBO

アナタの男運、向上させます

◉はじめに

僕はこの10年間、著書や講演など様々なかたちで恋愛の指導をしてきました。著書はどうやらお役に立てたようで、多くの男性たちから感謝の言葉をいただくことができました。また、過疎化が進む地方からお話をいただいて、嫁の来手がないと悩んでいる地方へ行って問題を解決したり、一般企業のコンサルテーションなどのお手伝いをしてきたりもしました。

とまあ、ここまでは僕としても納得できる展開だったのです。が、しかし……昨今の日本の恋愛状況を見ると、〈ダメンズ〉だの〈プチ・ヒモ〉だのと、小賢《こざか》しいテクニックを身につけてしまった男たちが女性たちを食いものにしている姿がたいへん多く目立ちます。10年ほど前までは首都圏、関西圏の大都市に集中していた問題でしたが、今では地方都市でも頻発しています。とにかく、ホスト、ヒモ、詐欺師、素人《しろうと》の境界線がなくなってきてしまったようです。カネや高価な品物、はては暮らしの面倒まで彼女にみてもらっている男たちが激増しているのです。

また、女の人たちも、「わたし男運が悪くて」とか「また騙《だま》されちゃった」とか、聞き捨てならない言葉を口にします。せっかくのパートナーとの時間も、これではただ苦痛の日々になってしまうでしょう。

「こんなはずじゃなかった」——これが現在の僕の正直な感想です。

僕は自分が体得した経験から導き出した恋愛理論を読者に提供していただけのつもりだったのですが、それがかえってあだになったのでしょうか。薬にも毒にもなる、などとよく言いますが、僕の本は劇薬だったのでしょうか。

そんな反省をふまえて、今回僕はこの本に取り組みました。テーマはズバリ、悪い男にひっかからない方法、すなわち「間違いだらけのオトコ選び」です。

恋愛とはそもそも、男も女も向上させ得る〈最高のコミュニケーション〉です。その基本に戻って、アナタが〈幸せの感覚〉を手にするためのお手伝いをこの本が出来ればいいなあと思っています。

最後に、これは僕のどの本でも言えることなのですが、僕は様々な勉強はするものの、自分の指導経験や実体験から自分が確かに手にした情報しか原稿には書きません。事実確認が出来ていないことをどこかの本から引っ張ってきたり、個人的な経験だけで他人にまったく適用できない内容は書かない、ということです。

だから今回も、実に多くの方にお話をうかがいました。特に言語エンジン代表・大山興世意氏、感情のコントロールについて相場と恋愛の類似性に気づかせてくれた実弟、パンローリング社長・後藤康徳、気づきの多いセリフと惜しみなく人脈を紹介してくれるプロアクティブのガッツさんこと山口社長、ソフトな語り口で僕の暴走を食い止めてくれる飛世真人さん、僕をいつもいつも支えてくれている野田慶輔、数多くの友人、僕のスタッフたち、そして最後につねに新しい提案をしてくれて僕の可能性を引き出してくれる成甲書房の田中亮介代表には貴重なサジェスチョンをいただきました。お礼を申し上げます。

それでは、読み終わったアナタが、今この瞬間のアナタより少しでも幸せに近づいていることを心から願って、本題に入ることにします。

2003年5月

後藤よしのり

◉目次

Ⅰ章　こんな男に惚《ほ》れてはいけない

V章　魅力的な女性になるには

VI章　男と女の素敵な関係

装幀◉フロッグキングスタジオ

Ⅰ章

こんな男に惚《ほ》れてはいけない

オンナを騙《だま》さないホストがいるだろうか？

ちょっと考えていただけますか？　人を1発も殴らないで世界チャンピオンになるボクサーっていると思いますか？　絶対にいませんよね。それは論理的に無理がありますよね。

人を殴ることによってしか、ボクサーはボクサーとしての仕事をまっとうできません。殴らなければボクサーじゃないですもん。

ホストという存在も、それと同じなんです。

女性と男性の脳の違いは、こうなっているそうです★1。

大昔、石器時代に男は狩りで獲物《えもの》をとって暮らしていました。その間に女は洞窟で待っていました。狩りをして獲物がとれなければ、自分はもちろんのこと、家族全員が飢え死んでしまいます。だから自然に男の目は目標に対しての距離を測るのに適してきました。女性は洞窟周辺の木の実や道端の草を探すのに適している視界になり、洞窟という狭い空間で仲良くしていかなければならないので、周囲に気を配りながらの関係づくりが得意になったのです。

男性は目標に狙いを定めて、その獲物を手に入れるように脳が出来ているんですね。

それに対して、女性は視野が広く、関係づくりに重きを置くように自然に考えが向かいます。だからホストとつき合っているつもりになっている女性は、残念ながら、狩られている狩りの獲物なんです。獲物は食い物にするために狩るのです。その獲物を愛している、なんてことは起きません。その狩りによって手に入れた獲物を——この場合はカネでしょうけど——持って帰る場所が愛情を注ぐ先であり目的なのです。

だからアナタが彼のためにおカネを使っているのなら、アナタは狩りの獲物です。「使わされているんじゃない、私が自分で納得して通っているの！」と言っても内実は同じですよ。これはヒモにもまったく同じ理屈が当てはまります。

僕は風俗や水商売の店舗グループを経営しています。また風俗、水商売から一般企業に対するコンサルタントの仕事もしています。過疎化した地域で結婚できない人へのコミュニケーション指導、結婚へのシステム作りの指導にも行きます。

だから日本中からこの手の相談を毎日毎日、山ほど受けています。だから数多くの事例を〈本当の事実〉として知っています。また一般企業のコンサルタントもしているので、最近では経営者から、奥様や娘さんが悪い男にひっかかって、入れ込んで貢《みつ》いでいるという相談も増えています。立場的にもどうしても無視できない情報になっているのです。

この本で述べる話は学術的に正しいとか証明できるかと言えば、全部が全部、そうではないかもしれません。その上、僕は原則的に商人《あきんど》ですから、運気とか波動とか言い出すかもしれません。でも学者さんが書いた本との違いは、実際に現実に起きている出来事に自分自身が毎日対応しているということです。だから経験のない評論家、分析家とはまったく違うのです。

親とグルになって騙す男だっている

えっ⁉　「ホスト大好き。私のつき合っているホストの彼って、他のホストと違って、ホントに私のことを愛してくれているんだから」と言うセリフを聞いたとき、どう思われるでしょうか？　自分自身だけは特別と思う人であっても、他人のときには「この女バカだ！」という反応か、「あーあ、可哀想に」と同情するか、そのどちらかですよね。

残念ながら信じていても、そう思い込むように仕組まれたワナでしかありません。

ちょっと実例を話しましょう。彼が真剣にアナタを愛していると判断する根拠になった行動がいくつかありますよね。たとえばホストの彼の親に会わせてもらった。その上、その親の前で「彼女と結婚しようと思っている」と言ってくれたとします。

ホストという仕事が女を騙《だま》しておカネを稼いでいると知っていたとしても、これなら「私だけは違う」と思うのも無理もないかもしれません。

でも、この母親がもしもまともな人なら、僕やカウンセラーに「息子が毎日のように別の女の人を連れてきて『この娘と結婚する』って言うんです。明らかにサギなのは分かっているからやめさせたくて、いつ捕まるか想像すると不安で……」と相談に来ます。

実際にいますよ。それも何人もいます。

しかしもっと怖いケースがあります。お母さんもグルというケースです。その上、これが最近増えています。

なぜグルだと分かったのでしょうか？　お父さんが相談に来るからです。

「息子と女房がグルで他人様の娘さんを騙している。やめさせるにはどうしたらよいだろうか？」という具合にです。

しかし、お父さんまでグルのケースもあります(笑)。こうなると女性はなかなか気づけないでしょうね。でも、その事実を知らないと確かに、「私にだけは本気だ」って思ってしまうでしょうね。

だけどアナタが彼の家族と会った日の前後に、別の女の人も彼の家族と会っている可能性は高いですね。家族に会わせるという手口を使うホストは、その手口を繰り返し使って女を〈はめ込む〉というのは常識ですから。

詐欺師は特定のパターンを繰り返す、というのは犯罪では常識です。

同じカネを稼ぐのにいくつものパターンを持つよりも、たった1つでも得意技で稼げばよいのです。

簡単に稼いでも1万円、苦労して稼いでも1万円。価値は同じですから。

家族もグルで恩恵に預かるのですから、ホストの家族がアナタに優しくするのも当然なのです。残念ながら、アナタは家族という共同体がターゲットに定めた獲物になっています。要するに金ヅルですから。

獲物自慢を陰でしている男たち

よくホストが稼ぐのを手伝って友達を店に連れて行ったりする女の子が、自分だけは特別にホストの側の共同体に入っていると誤解していますよね。

残念ながらアナタは入っていませんよ。

別のアナタ以外の女性を騙す共同体（チーム）にアナタも参加している場合には、自分だけは特別な存在だと思いたくなるかもしれません。

鮎《あゆ》を釣るときに、先に捕まえてきた鮎をおとりにする釣り方があるの、知っていますか？

でも鮎は家族でしょうか？　ＮＯですよね。

ホストやヒモというのは、この男性の脳の特性から考えると、狩ってきた獲物を持って帰る先だけが共同体なのです。

わずかでも狩られている場合には、獲物かおとりでしかありません。

なぜアナタが、こんなに分かりやすく簡単な嘘を信じてしまうかと言えば、女性は〈関係づくり〉に重きを置いてしまうからなのです。ホストやヒモは頭が良くなくても、このあたりの勘は鋭いですね。獲物を見分ける勘は特に鋭いでしょう。だから「私の彼はバカだから平気！」というのも、残念ですが通用しません。この勘はＩＱとは別の能力です。

そもそもホストやヒモをずっと続けている人が、なぜ続けているのかと言えば、その原因は〈恐怖〉です。自分で自分自身を深く愛せない、価値ある存在だと潜在意識から深く思えない。だから様々な手を使って他人を篭絡《ろうらく》して、自分が価値ある存在だと分かるようにしてほしいのです。

しかし、その話は機会を新たにして先に進みましょう。

ホストクラブの常連客になっている女の子って、満たされない心の何かを埋めようと思って通っていますよね。ここまでは大丈夫ですよね。同意していただけますよね。

そこで、イケメンって言うんですか？　もう今は言わないんでしょうか？　そういう男の人たちが優しくしてくれることで、自分自身が特別な価値ある存在だと思い込みたいんですよね。その感覚におカネを出しているのです。

でもホストという仕事は、サービス業の中でも非常に珍しい業種です。

というのは、一生懸命自分に惚《ほ》れて通ってくれる顧客に対して感謝はしないんです。感謝どころか、入れ込めば入れ込むほど顧客を蔑《さげす》み、バカにする傾向が強くなるのです。

これが他の仕事だったら考えられませんよね。飲食店なら、その店の味を評価してくれているお得意さんに感謝しますよね。

営業マンの場合であっても、保険だろうが車だろうが自分を引き立ててくれる顧客がいたら非常に有難いと思いますよね。

しかしホストという業種やヒモは、自分の収入の源になっている人たちに対して、優越感を味わったり勝利感を味わう対象にはなっていますが、感謝の念は湧いてきません。それは女性が自分にしてくれたから起きた現象ではなく、自分の狩猟の腕により、その結果が生じたと考えているからです。

アナタからしてもらった好意とは考えずに、自力で奪い取った獲物だと考えるのです。だから「俺、あの女に〇〇〇万円貢がせた」だの「ベンツを買わせた」というように、獲物自慢をします。そして相手のことは口汚く罵《ののし》って、どうやって買わせたかを自慢して、その理由については「あいつはバカだから」と平気で言えるのです。

非常にショッキングかもしれませんが、狩りをした後の自慢大会と思えば分かりやすいと思います。それよりも少しだけ頭が良ければ、その思いを心にしまって表面的にはきれいごとで塗り固めはしますけどね。

この本を読んでいる女性の中に水商売の人がいたならば、ロレックスなど換金性の高い時計の同じ型、同じ種類を、誕生日などで複数の顧客に同時に買わせたりしますよね。そして手元に1つだけ残して、あとは全部質屋に持っていき換金しますよね。そんなやり方は、ホストの世界では何十年も前から使い古された手口ですよ。

それは今でも続いている、古典的だが効果的な手口なわけです。

ホストが使っている技術の多くは決して高度なものではありません。しかし、傷ついている人間や寂しさに耐えられない人間を狙うので効果的です。獲物の選択がマーケティングとして特殊なのです。

そして、より弱い女性は、女性であるがゆえに関係維持に注意が向いているので、外から見ていれば「これはおかしい」という点にあえてわざと目をつぶります。

これはカルト宗教に洗脳されている信者そっくりです。

カネがなければ体で稼げ……の世界

最近のホストクラブでは、未成年者であろうと、女子高生であろうと、平気でキャッチして常連にしてますよね。最初は「タダでいい」とか「100円ポッキリでOK」なんて、いろいろやっているみたいですね。

まぁ最初はどんな入り口であっても、結局は約束を一切反故《ほご》にして借用書を書かせたり、追い込みをかけるようにして売春によって稼がせて支払わせるケースもあります。ヒドイ場合には飲み物に睡眠薬を混入して裸にして写真を撮って、それをネタに脅すケースもあります。

これらの事件についてはは過去のニュースを調べただけでも出てくる話ですし、大きな繁華街ならば所轄《しょかつ》の生活安全課の刑事さんにお話を聞いてみれば、様々な実態が理解していただけると思います。ぜひ確認してください。

そうやってハメ込むので、現時点でおカネを持っていない女性でもターゲットにします。女性は風俗に来ればすぐに稼がせられると男が思っているからです。

男性が通うキャバクラやホステスのいるクラブなら、カネがなくなったら、ただホステスに相手にされなくなるだけです。しかしホストは現時点で持っている金銭的キャパシティーを超えても店に入れます。女は身体ひとつで稼げる、まさに〈カネのなる樹〉だからです。

これは、男の人と女の人の行動の特性の差から生じるものです。

自分の経済状態を顧《かえり》みず、キャバクラやクラブにせっせと通うバカな男もいるにはいるけど非常に少数です。多くの男は相手を定めるのに、今の自分の状態と相談しながら定めます。だから、おカネがないのに銀座のクラブのおねーちゃんをターゲットにはしません。

これは狩猟によって脳が設定されるので、目標があまりに遠い場合には追いかけ始めないという古代からの無意識の知恵でしょうね。要するに「イケる！」と思わないと追いかけ始める気持ちが湧かないのです。

その結果、近所のキャバクラやスナックに、財布と相談しながら、回数も「週に1回ぐらいなら行けるな？」とか考えながら通います。毎日コツコツ貯金して、半年に1回銀座のクラブに行こうなんていうふうには考えません。

対して女性の場合、自分の経済状態ではまかなえないとわかっていても、行きたいと思ってしまったら行きます。自分の経済状況が合わなければ、経済状況のほうを変化させます。

風俗業界には、こういう娘がたくさん来ます。

だから僕は、風俗に参入するのが仕方がないと思っている場合（少なくとも、その時点では本人はそう思っている）、まず〈退店戦略〉から考え始めさせます。どうやって業界から足を洗っていくかという計画です。これは今、すでに騙されて借金を作ってしまい、そして風俗で働いている、もしくはこれから働こうと思っている人は必ずやってください。

その計画がないと、寂しくなったときの心に潜り込んでくる〈悪意の存在〉から身を守れませんよ。

幸せになる選択をアナタはしていますか？

さて、このような傾向が女性にはあるので、ホストのほうも借金をバンバンつくらせて、中高生なら援助交際を、18歳以上だったら風俗で働かせます。最初から計画通りなのです。

女性なら、経済状態は仕事を変えることで強制的に変化させれば回収できるし、貢がせることもできる。そう思っているのです。

男の場合には、環境を変化させる能力を持つのは非常に才能を持った、特にコツコツとゆるまぬ努力をいとわない一部の人間だけでしょう。そこで無理をすると、チリのアニータに公金を横領して貢いだ青森県の千田被告のようになってしまいます。

ここで紹介したものは、今では全国津々浦々どこでも見られる基本的なホストの手口です。未成年に飲みに来させて何十万、何百万円って借金を背負わせて、〈援助交際〉という抵抗感の低くなるラベルに張り替えて売春をやらせて、その稼ぎを吸い上げる。

このプロセスをハードにやる人間かソフトにやる人間かの差は個性でしかありません。

「てめー、この野郎！」と怒鳴《どな》りつけて殴るか、表面的にはソフトにやるかは個性の差でしかなく、どっちも悪い人間だという事実にはなんら変わりがないということです。

重要なのは〈事実がどうであるか〉です。

よく女の子で、こういう子がいます。「あの人には援助交際をやれ！ なんて言われていない。私の意志でやっているんだ」。でも彼は、その状況を作った人間であることには間違いありません。しかも、計画的にね。

彼女の意見が通るのなら、サリンを撒《ま》かせても教祖には責任がなく無罪、みたいな話になりますよね。そんなバカな話はありません。

どんなに巧妙な言い訳をしても、行動がいちばん雄弁にその人間の本性《ほんしょう》を語ります。いくらきれいごとで表面を飾っても、行動をチェックすれば分かるはずです。

〈結果がどうなっているか〉だけを判断基準にすれば、物事はよく見えるものです。

特に女性は男性に対して、そういう判断基準をしっかりと持ったほうが幸せになれる可能性は高いですよ。

行動を横に置いて、無視して見ないフリで「彼はこう言っているんだから」と表面的な上《うわ》っ面《つら》のセリフを信じてすがるのはアナタの勝手です。

でも、それでは相手の本音は見えないと思いませんか？ それはアナタを幸せにする選択なんでしょうか。

分かっていてもどうして騙されちゃうのか

それでも普通の人にはない優しい行動やセリフを言われたり、優しそうな雰囲気を持っていたら惹《ひ》かれてしまったりしますよね。

何しろ、それが彼らの仕事ですから。人を騙すことを仕事にしている人は、そういうテクニックは非常に巧みに身につけています。

その上、パワフルに見えます。影響力を行使する能力を持っていることは事実です。でもホストにヒモに、キャッチセールスに、マルチ商法にカルト宗教、詐欺師……他人を食いものにしようとする人間たちの手口は共通しています。

彼らは「俺は違う！」と主張したいかもしれませんが、行動を見ると全部、同一カテゴリーなんです。行動はウソをつけません。

心理学で〈自己同一化〉と〈分離不安〉と呼ばれる心の動きを上手に利用しながら、騙していくのです。この騙しのプロセスで起きる〈揺り戻し〉の際に、騙す側にとって都合の良い情報を呑《の》ませることによって、型にハメられて陥《おとしい》れられていくのです。

このプロセス自体は自然に起きる反応ですから、悪意なく使われれば問題はありません。映画などは、その典型的な例です。多くのビジネスでも使われていると思います。

しかし、悪意で使われたときには非常に大きな問題が起こります。彼らはまず最初の段階として、多くの場合、相手に徹底的に優しくします。優しく笑いかけながらホメ言葉を投げかけます。

これが〈自己同一化〉の過程です。簡単に言えば「この人は私のことを分かってくれる。他人とは思えない」という雰囲気を作るのだと思ってください。〈ラポール〉と催眠などでいわれる状態と思ってもらってもよいでしょう。

そして次にやることは、突き放すことです。突然、自分が心から信じていた相手の態度が冷たくなったらどうしますか？ 少なくとも「この人は信じられる」と思った人が突然冷たくなったらどう思いますか？ ついさっきまでの優しい態度を考えたら、「自分が何かミスをしたのだろう」と思うかもしれません。間違いは犯していなかったとしても、「少なくとも相手にとっては気分を害することをしてしまったのかもしれない」とは感じるのではないでしょうか。このように不安になる状態を〈分離不安〉と言います。このときに〈認知不調和〉という状態に陥ります。

このように「揺さぶり」をかけられると心理的に不安定になりますよね。不安定になると人間は必ず安定したくなります。

そのときに近くにいる人間に対する頼りたい気持ちが急激に増します。簡単に言えば、こんな状態にアナタはなるのです。だから、人を騙す上記のような人々が優しくしてくるのは、彼らが優しいから優しくするのではありません。彼らがなぜ優しくするのか。それは〈アナタを騙しやすい状態に追い込むこと〉だけが目的だからです。

この不安定な状態から安定したい状態になったら、アナタは安定している状態では決して受け入れなかったことも少しずつ妥協して受け入れるようになっていきます。

〈**自己同一化**〉──▼突き放して〈**分離不安**〉──▼カネやモノ、店に飲みに来るなど、生活習慣の変更などにより利益を得られて一時的に〈**許したフリ**〉。
最初に戻ってまた揺さぶって〈**分離不安**〉──▼カネやものなどを出せば〈**許したフリ**〉。

なぜ許したフリなのかといえば、最初から愛しているから怒ったのではなく、カネが目当てだったり洗脳することが目当てなので本気で怒ってなどいないからです。

単にテクニックに過ぎないんです。揺さぶるのも怒るだけとは限りません。

時には〈殴る〉という手段に出る人間もいます。〈泣く〉という手段に出る人間もいます。〈無視〉という手段に出る人間もいます。全然怒っていないフリをして連絡を絶つ、連絡しても〈拒否〉するなどの手に出る人間もいます。

愛情なんて最初からないので、効果的な方法の追求ができるのです。

そこで起きていることは、結果だけしか判断基準になりません。

そうやって受け入れさせられた価値観により、援助交際や風俗で働く女の子、貢ぐ女の子が生まれているのです。

彼女たちがやっていることに対して、僕は善悪論で話そうとは思いません。善悪の定義も時代によって変化します。僕が言いたいのは、彼女たちが自分の本当の心の深いところから出てくる自分の意思からではなく、他人に強制的にやらされていることが問題なのです。

カルト宗教の駅前勧誘やマルチ商法の勧誘って、不気味な気持ち悪い笑顔でニコニコしながら接してきますよね。あれは最初のプロセスの〈自己同一化〉を目的としているのです。だからアナタを心配しているわけではないので、強硬に拒否してください。「でも優しかったから、良い人だから」。そんな配慮は一切無用です。親切で優しくしているのではありません。

声をかけてくるのが女性であっても大丈夫だとは言えませんよ。カルトやキャッチセールスは高度にシステム化されていますから、女性でもこのプロセスをさんざん教育されてきているプロのハンターだからです。良い人なら、あんなことやっていません。別の仕事してますって。

彼らはカネが目的で優しいフリをしているだけです。アナタは獲物と認識されて狩られようとしているのです。

ホストやヒモはなぜ優しいのか

そもそも商売は、金銭が目的であること自体はまったく責められるものではありません。すべての仕事が「おカネ」を目的としていますので。

でも欠陥住宅を売りつけられてクレームをつけても、「気がつくまでは良い家だっただろ!?」と答えられたら、アナタはどう思いますか？　また欠陥住宅に気がつかなければ、それは詐欺ではないのでしょうか？

多くのビジネスが双方の同意の下で、おカネと商品やサービスを交換しています。その同意にウソがあるときに、それは明らかに詐欺になるのです。

ホストやヒモが演じているのは演技なのですが、それでは役者は嘘つきなのかといえば、それも違いますよね。役者は、その演技によって生まれるものを事前にオープンにしています。人殺しの演技をした人間を本当に殺人犯だとは思いませんよね。そして、その演技につけられた事前に同意を得ている適正な金額しか金銭のやり取りはありません。芝居だと納得して支払っているのです。

詐欺には、詐欺であるということに同意しておカネを払う人はいませんよね。その詐欺に「気がつくまでは幸せだっただろ！」という論理はまったく成り立たないのです。

この視点でプロセスを見てください。

最初のプロセスである〈自己同一化〉はいちばん大切です。このプロセスがしっかり成功しないと、相手を突き放したときに〈分離不安〉が起きません。不安定にならないのです。そりゃ、そうですよね。好きでもない相手から突き放されたとしても、「こいつバカじゃないの？」と思って終わりですよね。仮に安定しているときに突き放されても「はい、さようなら」でお仕舞いです。

〈自己同一化〉がしっかりできていて、はじめて次のステップに進むことができます。ホストやヒモがすごく優しいのは、優しくすればするほど突き放したときに〈心の安定が壊れる〉からです。そうすれば、あなたを洗脳しやすく貢がせやすいからです。もちろん知識としては知らないかもしれません。でも経験的、感覚的に覚えているのです。たとえば目の前に○《マル》があるとします。その一部が切れていたら気になりますよね。完全な円と不完全な円だと、不完全なほうが人は気になります。

不安定感を感じてしまうと、それを安定させたくなるのです。

自分の中に不安感、不安定感が生まれたら、何かを始める前に、とにかく何よりもはじめに、他のことはさておいても、この不安定感を安定させることにしか気持ちが向かいません。

だからアナタをまずは安心させて、その後に不安定にさせて、「安定させてやる。その代わりに店に来い！　カネを出せ！」となるわけです。実際に、その言葉を言うかどうかはまったく関係ありません。それ以外に選択肢がなければそれを選ぶしかないのですから、言葉にするかどうかはまったく関係ないのです。

彼らは決して、これらの流れを理論的に分かっているわけではありません。もちろん、この本を読んだら理解してしまうのかもしれませんが。

それではどうやって覚えたのかといえば、先輩の手口を見て覚えるのです。だから昔から、そしてこれからもずっと一貫して仕事の性質が変化することはないのです。

さらに状況がマズいのは、今は様々なテレビや雑誌に中途半端にこの手の情報が出ているので、フリーターなどにアマチュアのヒモが激増、急増しています。

その手の悩みの相談はここ数年、毎年倍々ゲームで増えています。僕は一般にはカウンセリングは受けていません。コンサルタントを受けた経営者からの紹介でしか相談を受けていません。それでも年々、相談は激増の一途です。

この状況ですから、増加ぶりの実態はちょっと想像すらできません。

ホストやヒモでも、優しい言葉や態度、プレゼントやセックスを最初の〈自己同一化〉のために行って、それが充分に成功した頃を見計らって突き放して〈分離不安〉を起こさせて思い通りに女性を操《あやつ》る、という手口を使う人間は少なくないので、表面的な優しさにごまかされて騙されてしまう被害者が後を絶ちません。

彼らにとっては最初から、プレゼントやセックスは陥れるための餌《えさ》に過ぎないのですが、女性は男性と脳のパターンの違いを理解していないために、そのウソを見抜きにくい状態になるのです。

正確に言えば、気づかないのではありません。〈気づいているけれども気づかないフリをしたくなる心理状態〉に追いつめられて、流されるのです。

彼らが本当に良い人間なのか、彼らの中にも良い人間がどこかにいるかどうかはアナタの判断にお任せします。しかし、彼らを良い人だと思ってしまうと、ウソを見抜けない確率が上がります。彼らを擁護《ようご》したい心理状態になっていることも同時に覚えておいてください。

この〈自己同一化〉から〈分離不安〉というプロセスも、悪意で使わなければ人間が何かに魅力を感じてしまうときに自然に起きる反応です。自然に起きる反応を悪用する人間が多いから社会的に問題が起きるのです。良い使い方は映画などです。映画では観ているアナタが自然に映画に引き込まれるように充分に波長を合わせてから、怖がらせたり、ワクワクさせたりしますよね。だから、このプロセスを使っていたからといって悪人とは限らないのですが、〈認知不調和〉が起きたときに不当な要求をしていると、明らかに詐欺だったりたりするのです。

このあたりは絶対に気をつけていただきたいと思います。

プレイボーイは「釣った魚に餌はやらない」

昔ながらのプレイボーイのテクニックは、所詮は女性を抱きたいだけでした。カネを貢がせることは目的としていないし、相手の女性自身に魅力を感じてのことなので、ここまで話した人たちに比べると全然罪はありません。

いっぽう、ホストやヒモの行動は経済活動なので、効率良くカネを稼ぐのが目的です。したがって、目の前に3人組の女の人がいた場合にいちばん口説《くど》ける可能性が高いと判断するのは、すでに自分に気がある女です。口説きやすさが基準になります。

それは経済活動としての効率追求からいうと、いちばん最初の段階の〈自己同一化〉のプロセスがほとんど完了しているからです。

もしもすでに自分に気がある女を口説かない場合には、口説いた結果として〈大きくカネを自分に貢ぐ可能性が高い女〉を選択しています。口説きにくいかもしれないけれども、口説き落とせれば大きく儲かる相手を狙っているわけです。経済的に余裕が出てきたホストやヒモ、結婚詐欺師は、この選択方法を取ることが多いですね。

稼ぐ可能性を追求する際に、判断基準は大きく分けて2通りに分かれます。

1つはルックスです。見てくれが良ければ〈稼ぎやすい〉わけです。つまり、見てくれが良い女性のほうが、自分に貢ぐためのカネを稼ぎやすいということです。

2番目は性格です。その性格とは〈貢ぎやすさ〉です。1億円持っていても1円も貢がないしっかりとした女性よりも、100万円しか持っていないが全部貢ぐ女を狙う、これがホストやヒモの選択基準です。

参考までに言うと、しっかりした女性のほうが真剣に相手にされる可能性は高いですね。彼らが惚れるときには、自分が悪いことをした分だけ自分に騙されにくい女性を好きになる傾向が強いようです。だからルックスとはいっても、女性的な魅力に心が動かされたわけではまったくありません。

それに比べると、体だけが目当てだとしても、むしろ最近ではセックスだけの割り切った関係を積極的に望む女性も少なくないので、お互いのニーズが合致している限りはプレイボーイのほうが何倍も問題はないと言えるでしょう。

もっとも、その背後で誰も、1人も傷ついていている人がいないケースに限りますが。

この古典的なプレイボーイの手口も原理原則は同じです。でも動機が違います。女性本人に魅力を感じなければプレイボーイは動きません。ただし最初から、遠からず別れる前提でつき合っていますので一般的な誠意を期待しても難しいケースが多いですね。

古典的プレイボーイは、つき合いの初期段階では貢いで貢いで、プレゼント攻勢をかけたり、高級なレストランで食事をしたりする波状攻撃を行います。

この攻撃は非常に簡単な構造で出来ています。

たとえばアナタが、アナタ自身にしている自己評価があります。今、アナタはどんなデートが自分に相応《ふさわ》しいと思っていますか？

アナタが今自分に対して行っている自己評価よりもわずかに高いレベルのデートを用意されたら、アナタは彼に対して〈自己同一化〉してしまうのは避けられません。好意を強く持ってしまうということです。

高価過ぎて受け取れないプレゼントを最初から持ってこられても、拒否反応が起きてしまう人もいます。最近では中高生でも高級なブランド物を欲しがるケースもあるのですが、そういう人たちはまた別のカテゴリーに入るので機会を分けてお話しできるといいですね。

多くの女性は、今、自分に対して下している自己評価よりも少し上のデートを用意されたときに相手に最も好感を持つようです。

そのデートのたびにグレードを上げていきながら、アナタが自惚《うぬぼ》れたとき、その瞬間が突き放す絶好のタイミングです。「この男は自分にゾッコン（死語かもしれませんね）だ！」。そう確信した瞬間に「本当は俺のこと好きでもなんでもないんだろ？」と言って立ち去ろうとされたら、アナタはどうしますか？

ほとんどの場合には引き止めるはずです。今まで女王様のように扱ってくれた、もしかすると運命の相手かもしれない理解者に対して心を開こうとしていたでしょうから。

　これが古典的なプレイボーイの手口です。

　引き止めようとするアナタは、彼に対して誠意を見せなければいけないはずです。それは彼の誤解を解けるだけの効果のある誠意でなければなりません。

　今までは受け取るばかりだった、自惚れているのも実は見透かされていた、何か証拠を見せなければ彼は必ず去ってしまう。

　そうです！　〈引き止めるには証拠が必要〉なのです。

　そうなるとアナタの心の中には彼の良い面や優しかった場面が浮かびます。かなり多くの女性が、これをきっかけに彼を本当に好きになってしまうのです。それまでは単に好意だったものが恋に変わるんですね。

　しかし彼にとっては、魚は、それで釣れたわけです。「釣った魚にはもう餌なんかやる必要はない」。彼は、そう判断します。そして次の女性を口説きに行くのです。彼の狩りは終わったのですから。

「楽しいのは今だけ」でカネを吐き出させるテクニック

　ホストやヒモ、詐欺師にとっての目的はいうまでもなくカネです。経済活動ですから。

すべての行為は、最終目的の一点のために集約されています。カネです。

そのためのテクニックを彼らは備えているわけですが、金銭目的の多くのカルト宗教の手口と一緒ですね。キャッチセールスも同じです。

彼らにとって、彼ら自身の利益にどうやって結びつけられるかは、〈揺り戻し〉が起きたときの対処で決まります。そこまで持っていくプロセスも熟知していますし、〈揺り戻し〉の際に行う手法についての理解も非常に熟練しています。それが彼らが儲かるか否かを分ける境目になるのですから、ここをマスターしているかどうかがプロとしての最低限の資質なのです。

★テクニックその①

カネにこだわることは非常に愚かな行為だという概念を植えつける。カルト宗教もホストやヒモ、詐欺師もほとんど、これをやりますね。カネに執着心が強いと貢がせることができないからです。

★テクニックその②

後先考えない、その場主義的な考えを徹底する。時には本人が破天荒《はてんこう》な行動で大物や無邪気《むじゃき》を装う。「先のことなんか分からない、だから今が楽しいことがいちばん大切」

と思わせるように話を進めます。今を犠牲にしている人間をバカにします。

本当は将来のことを考えるからこそ、今を大切にしているんですけどね。

先々のことを計画したらカネは今使わず、貯金をしようという話になりますよね。

まぁ、今の時代は貯金をしてもかえって実質目減りするので、何かに投資したほうがよいですけどね。

しかしこれでは、ホストやヒモにとっては具合が悪いですよね。相手がカネを出し渋る子だと貢がせにくいですから。

だから「今、おカネを使えば楽しくなるのに、それを犠牲にして将来のために貯めておくのはおかしい」みたいな論理を何度も繰り返し、すり込み、それを相手の価値観にさせるのです。「宵越《よいご》しの銭は持たない」じゃないけど、入ったおカネはすべて使うという価値観を平気にさせれば、あとはカネを引き出すだけになります。

貯金をさせて計画的にあとでごっそり貢がせるタイプもいますけれど、その場合には「一緒に貯めよう」と言って、通帳を預かる形にするケースが多いですね。

だけど、簡単に人のカネを預かるのは典型的な詐欺師の手口。責任感のある人は他人のカネなんて簡単には預かりません。

僕の親しい知人に年率最低30％で回す、調子の良い年には50％を超える利回りで、もう10年以上も運用し続けている凄腕相場師がいます。

でも、そういう人ほど「預かって運用してください」とお願いしても、「いや、後藤さんのおカネを預かって万が一という事態は起こせないので、もっと修業させてください」と断られてしまいます。責任感のある人の反応って、総じてこういう感じです。

安易な約束をする人間は、その約束を守る意思が最初からないので約束できるのです。本気だったら軽はずみなことはできません。

カルト宗教も同じですよね。

婚姻届は強力な武器になっている

出会って間もないのに、すぐに結婚をちらつかせる男。これもいい加減な男が多いですね。確率的な問題なので、すでに結婚をして幸せに暮らしている人は、ごめんなさい。アナタは例外かもしれません。でも、この手の結婚詐欺師の被害は多いです。

ホストやヒモも同じですよ。それは結婚詐欺師が有効な集客手段としてホストをやっているだけです。

ホストの中の1つのジャンルですね。ホスト全員が結婚詐欺師としての手口を使うわけではありません。いくつかのパターンがあるので。

将来の話をしたりプロポーズめいたことを言われれば、自分との関係を真剣に考えているんだろうと思ってしまうかもしれません。でも残念ながら、僕はまったく違う実例を少なからず見てきています。それも近年急増しています。

それに安易な結婚は、安易な離婚を生みます。風俗業、水商売では、その手の実例にはことかきません。結婚は原則として一生の問題です。その相手と何十年も一緒に暮らすのですから、真剣に考えれば考えるほど、安易に結論を出せない問題であるはずです。本当に生涯の伴侶《はんりょ》にふさわしいか見極めてからでないと、決断できないのではないでしょうか。

どちらかが結婚を望んでも、なかなか決断できないほうが正直で誠実ですよね。

何を聞いても、ああ言えばこう答えるみたいな「立て板に水タイプ」は、相手と適当につき合っている人間が多いです。事前に答えを準備していないと真剣な話題をスラスラ答えられないもんです。

結婚をネタにして女性を信用させる手口を使う奴も少なからず見てきました。その中の1人は、婚姻届の用紙をいつも持ち歩いていて、つき合う女性に「オレの気持ちだ」って頃合いを見計らって渡します。

複数の女性と同時進行でつき合いながら、全員に結婚を約束しています。

ただ、そいつらの多くは今は妻帯者だったり、離婚するつもりでも書類が書き換わっていなかったりします。で結局は、不倫を続けたいだけなんですよね。婚姻届に判を押しても、実際には奥さんがいるから婚姻届は受理されないんです。これをうまく使っているんですよね。「もしも離婚できたら、そのときには結婚しよう」という条件付きなのです。

現時点では受理されない婚姻届だからこそ、何枚だって何人にだって平気で渡せるんです。ヒモでもホストでも結婚詐欺師でも、婚姻届を武器に使っている男がいっぱいいますね。

不倫をする男も、安易に結婚を言い出すやつに限って、現実には結婚するつもりなんかサラサラないみたいですね。奥さんの前では出せない別の顔を不倫相手に出して、「女房とはもう別れるから」なんて泣いて見せるケースも多いようですね。

騙される女は何度でも騙されるよ

「ヒドい男に騙されたけど、次からはこの経験が活かされる。だから私はもう騙されない」なんていう話を聞いたことがありませんか？　そして、その話がウソなのは分かりますよね。

もしもアナタがそんなセリフを言っているとしたら、早く目を覚ましてください。幻想に浸り続けるのは楽に思えるかもしれませんけど、必ずあとでツケを支払わされますから。

1度騙された人間は、何度でも騙されます。騙される人間は騙されれば騙されるほど、〈ますます騙されやすい人間〉になっていくのです。

ホストやヒモや詐欺師の多くは、騙されにくい相手を騙そうとはあまり思いません。腕試しではないですから。経済活動です。仕事なんです。（カルト宗教やキャッチセールスは、その意味では頑張ってるかもしれませんね。無差別で人を騙そうとしているのですから）。騙されやすい傾向の人間を見つけて、その人間を今まで以上に騙そうとするのです。

僕の知人が幸運になるブレスレットとか、ペンダントなんかのデザインをやっていました。よく雑誌の広告なんかに載っているあれです。あの幸運グッズを買う購入者リストって、業者の間では非常に高く売買されます。

1回買った人に「さらにパワーアップした新製品」なんてダイレクトメールを送ると、8割が買うそうです。まったく幸せになんかなっていないのにです。作っている本人が、幸せになる効果はないと保証してましたよ（笑）。

中には効果がある製品もあるのかもしれませんが、彼が売っていたものに関しては意味無しだそうです。騙される女性もこれとまったく同じです。

その事実を経験則でよくわかっている男たちが〈騙し上手〉なんです。

たとえば、あるホストクラブに「他のホストクラブで1晩で100万円使わされた。あの店はひどい」と愚痴《ぐち》を言う客が来たとします。この場合、「使わせるのは50万円にしてあげよう」なんて同情して考えるホストがいたら、ホスト失格です。事実、そうはしません。最初は甘くしていても、遠からず「150万円は取り上げよう」「200万取り上げよう」と、プロだったら考えなければいけないのです。

今度は前回よりも巧妙な使わせ方で気持ちよく、でも前回よりも大きな金額を使わせないと、その客は長くは続かないのです。魅力とは〈ポジティブな感情とネガティブな感情の波の振幅の大きさ〉ですから。

同じホスト同士であれば、以前のホストよりも大きく騙して貢がせないと、結局、その客の脳には刺激が弱いのです。

したがって充分に〈自己同一化〉したら、「前のホストには100万使ったろ。そいつとオレは同じなのかよ。金額の問題じゃなくて扱いが同じだと愛情が感じられない。オレとは安上がりだからつき合っているのかよ」という内容を伝えて承諾させなければならないのです。

その情報をきつい言い方でハードに伝えるか、上っ面は優しく見えるソフトな伝え方をするかは、その時々によって変化します。でも、それを納得させなければ客を長く継続させることはできません。これを承諾させることが執着心を生むのです。

騙された経験を持っている人が読めば「なるほど！　私も、そうだった」と納得するでしょう。共感できない人は「おめでとうございます」。その感性を絶対に失わないでください。こういう駆け引きに対して「変だ！　おかしい！」と気づける感性は親御さんからの最大のプレゼントです。

このようにして、客はドンドン抜き差しならない深みにはまっていきます。

騙されれば騙されるほど、今まで以上に簡単に騙されやすくなって、傷口は果てしなく広がっていくんです。

ヒモは〈優しさ《アメ》〉と〈暴力《ムチ》〉を使い分ける

ホストに限らず、悪い男たちは女性の心理を本当によく心得てますね。

経験則でどんな女が騙しやすいか、また、どうすれば女が自分から離れられなくなるのか、それを肌で知っているんです。

アダルトチルドレンという言葉が数年前に流行しましたが、アル中と暴力、ドメスティックバイオレンスは共犯関係で成り立っている、という話を聞いたことがないでしょうか。

暴力を振るう男は、暴力を振るわれることを求めている潜在ニーズを持つ彼女を見つける能力に長《た》けているし、どう料理していけば術中にはまるのか、そのテクニックも備えています。

たとえば、古典的なヤクザ系のヒモに昔からよく見られる常套手段があります。酔っぱらって彼は、相手の女性を徹底的に殴り飛ばします。それこそ骨折して気絶するほど。でも、その後で泣きながら「お前がいなくなると思うと怖くなって殴ってしまう。本当に惚れているのは、お前だけだ」と親身に丁寧な看病をするのです。

血だらけになるまで殴り、その血をナメてふき取るというスタイルが昔のヒモにはよくありました。ただ彼らは仕事としてそれを行っていたのですが、今のヒモは殴りたくて殴ってますけどね。

このように揺さぶりをかけて〈感情の振幅〉を大きくします。殴られた後、それも泣きながら看病されると、「本当の彼は優しい人なんだ、私を愛しているんだ。許そう」と錯覚して許してしまうんです。これを聞いて「それなら許してしまうかも。ハマってしまうかも」と思う女性と、「そんなの信じられない。絶対に許さない」と感じる人に大きく分かれます。

ヒモは前者の〈ハマりやすい貢がせやすい女〉を嗅《か》ぎ分けるのがうまいのです。そして経験する前には自分を後者だと思っている人の何割かも、実際にやられると惚れてしまうのです。

こんなのは冷静なときに話を聞くと、彼が原因を作った本人なので、「優しい」という解釈に最終的に落ち着くことをリアルに信じられないかもしれません。でも現実に、こういうことが起きる、とだけ覚えておいてください。

そしてホストやヒモに騙されている多くの女性は、たとえ表面的には殴られていなくても、これと同じプロセスをソフトにやられています。虐待のスタイルがソフトなので気づかないだけなのです。

何よりも忘れてはいけないのは、最初からこのプロセスを踏めば女がより深く惚れると計算して、このプロセスを冷徹に行ったという事実です。騙されている人たちは、その事実に早く気づいてほしいですね。

ホストが客に惚れるなんてあり得ないんだ

昔は男に貢ぐ女なんてほんのひと握りで、人口比で言えばすごく少なかったですよね。でも今は全然珍しくありません。

男が少しばかり勉強していてコミュニケーションが出来れば、女性は簡単にカネを貢ぎます。最近の世情を見ていると「将来、娘は欲しくないなぁ」と僕は思います。この世界に娘を生み出しては、親としてどのように育てるか自信が持てないからです。

貢ぐ女性が急増しているのは愛情の与え方、受け取り方のバランス感覚が悪い女性が増えたからですね。

たとえば、働かずにゴロゴロしているヒモや、夜通し自分を含めた数多くの女を騙すのが生業のホストに貢ぐ女の子たち。彼女たちがなぜ貢ぐのかといえば、カネを使うことで自分に振り向いてほしい、自分を大切にして扱ってほしいという気持ちがあるからです。自分が特別な存在だと自分の価値を信じさせてほしいんです。

でも、それを繰り返すほど、自分の価値は低いのだ、存在価値はないのだという事実を強化することになってしまいます。

無条件の愛情を受けて育たなかったので、自分に振り向いてもらうために様々な努力を彼女たちはするのです。特に今の世の中ではおカネが万能に見えてしまいます。だからカネを渡せば相手にしてもらえるというストーリーをリアルに感じてしまうのです。そしてホストもヒモも詐欺師もプロなので、「それは正解だよ!」というように、間違った観念を補強するシステムを持っています。そして、その信念が解けないようにしているのです。

カネを使えば人間の気持ちが自分に向くと考えるのは、彼女たちが適切に愛情を注がれて育たなかったために、愛情に対するスタンスが分からないからです。

愛情という価値観を学ぶ際にモデルにするべき親の育て方では、愛情へのスタンスが学べなかったのです。

親に愛情がなかったと言っているのではありません。あったかもしれませんが、彼女が学習するのに適切なモデルではなかったのです。

昔は両親の接し方は適切でなくても、おじいちゃん、おばあちゃんがモデルとして良いとか、よく会う親戚が良いというモデルがたくさんある環境で育ちました。頻繁に接する人の中で、誰かの愛情のモデルが彼女の価値観形成に役立って、正常な回路が形成される手がかりになりました。

だから貢ぐことによって振り向いてもらおうとか、それで振り向いてもらえなければ自分は無価値だと感じる事態は、そもそも起きにくい土壌があったのです。

さらに残念なことですが、そこまでの思いで男に貢いだとしても、軽蔑《けいべつ》されることはあっても、貢いだ男から大切にされることは絶対にありません。

貢ぐ男のほうも同じ状態で、自分は貢がせているが、男自身も他で女や、時には男にカネを使って相手にしてもらおうという傾向を持っている人間は多いのです。

〈カネだけは絶対に出さない〉とトラウマのように固く決意しているケースでは、人を信じないというスタイルになったり、その分だけ他のモノを提供したりするヴァージョンに変化していたりします。このような連鎖が起きているのです。

貢がせる男と貢ぐ女には共犯関係が成り立っている

カネ遣いが荒い、酒癖が悪い、片っ端から他の女性に手を出す、就職しないでブラブラしながら彼女にぶら下がっている……現実に、こんな男性がものすごい勢いで増えてます。

だからといって、男たちだけが悪いとは単純に言い切れないのが、この問題の難しさです。殴られている女性も、その女性自身にとってはその時点で必要な、ある種のメリットを手に入れているからです。

だから、表面の意識では「こんなにひどいことをする男とは一刻も早く別れたい」と思っていても、潜在意識では離れられないんです。そうでないのならとっくに別れてますよね。

暴力を振るう男にしても、叩かれてくれる相手が必要。叩かれる女性にしても、叩いてくれる男が必要。叩くほうも叩かれるほうも、それを無意識レベルでは望んでいるから、その〈共犯関係〉が成り立っているとも言えるんですね。

女性を叩いてカネを引き出す男は、カネというメリットを得る。叩かれた女は、そちらでも〈快楽物質〉の分泌が起こる。言ってみれば、男はカネを手に入れ、女は快楽物質を得るというわけで、共犯関係が成り立っているんです。

だからこそ、無意識領域で〈理想の恋愛〉の状態を求めていける自分を作らないと、何度でも同じ過ちを繰り返してしまいます。

こういったことへの対処法は後ほど。

★1／参考資料『話を聞かない男、地図を読めない女』アラン・ピーズ（主婦の友社刊）

Ⅱ章

騙《だま》される女、不幸せになる女とは

共犯者がいる限り……

騙《だま》す男が悪いのか、騙されたがっている女が悪いのか。「卵が先か、ニワトリが先か」という問題と一緒で答えが出にくいのは、実は両者が〈共犯関係〉だからです。この点は伝わったでしょうか？

このあいだ相談に乗ってあげた女の子に尋ねてみました。

「対戦相手のことを1発も殴らないで世界チャンピオンになれるボクサーっていると思う？」

「絶対にいないよね。いるわけないよ。殴らないと相手を倒せないじゃん」

「まったくその通りだね。じゃあ、客にまったくウソつかないでナンバーワンになれるホストっていると思う？」

「それはいると思う」

「じゃあ、どうやって、どのようにして？」

こうなってしまう相手のカウンセリングは、たとえ親しい方の紹介でも、申し訳ないけどお断りさせていただいています。

魚屋さんが魚を殺さないで、お店を経営することは出来るかな？

食肉業で牛や豚を殺さないで、会社を経営することが出来るかな？という疑問と同じように、その職業が成り立つための最低限の前提条件を否定することはできないのです。

ここまで、ホストやヒモに対して一切の感情を入れずに、事実を淡々と分析的に、客観的に述べてきました。これによって、今までは受けていた仕事の何割かを僕は必ず失うでしょう。それどころか、今の仕事の邪魔をされるかもしれない。それでも言わなければならないほど、最近の相談は、数も質の悪化も急速にエスカレートしているのです。

こんな状況そのものは本当に問題だと思うのですが、ホストやヒモをやっている子たちには、せっかく人の気持ちを察する能力があり、勘も鋭いのだから、それを活かして被害者が出ないビジネスに進出すればとアドバイスしています。

まぁ、それが彼らの今回の人生の宿題なのかなぁ、と半ば諦《あきら》めていますが。

実際に、若気の至りで少し成功して店のオーナーになるようなホストの約30％は、ホストクラブ経営をやめたがっています。

若いホストがよく「やめたい」と、駆け引きで女性にウソをつくのとは意味が違いますよ。

少々カネは残っても、男芸者が詐欺をやっているのが実態だと、彼らは現実を日々肌に感じて知っているのですから、最初はカネが動機で始めても良心の呵責《かしゃく》を感じているのです。しかし、そこから先の選択肢を持ちません。

「ホストをやって成功すれば他の世界でも成功する」などという話は真っ赤なウソです。実際に別のビジネスに進出しても、失敗してホスト稼業に舞い戻るケースは非常に多いですね。

女からカネを貢《みつ》がせるのはすごく簡単な仕事です。少なくとも経験的に〈流れ〉を体得してしまった者にとっては。

それに比べると、一般のビジネス社会ははるかに厳しい荒波なのです。それを知っているので、やましくても恥ずかしくても、彼らは業界から足を洗えません。でも、自分も顧客も両方が被害者にならない、ＷＩＮ《ウィン》⇔ＷＩＮのビジネスモデルの世界に行ってほしいなぁと、個人的には思います。

そのためには、アナタがもしも騙されたり、利用されているのなら、そして彼らを本当に愛してしまったのであれば、彼らから離れてください。手放してください。

昨日も、かつてホストにはまっていた女の子と話してみたら、「風俗で働いていると世間では偏見で見られるけど、ホストはそれを受け入れてくれる錯覚《さっかく》に陥《おちい》る。本当は私たちが日銭を稼いでるから飲みに来させやすいだけ。おカネを貢がせやすいだけで風俗の子たちを受け入れているだけなのに」と言っていました。

だから「あなたの振る舞いは不適切である」と無言の行動で教えてあげてください。

アナタが離れても、他の女性が彼らに貢ぎ続けるかもしれません。それによって彼らは今の生活をすぐにはやめないかもしれません。でもアナタがやめたら、今の生活をやめるかもしれませんよね。

日本だけが公害に気をつけても世界レベルでは意味がないから、日本は公害を垂れ流し続けるっていうのは変でしょ。自分だけがやっても、すぐには効果が出ないかもしれません。でも、行動しないよりは行動したほうが、何かが変わる可能性はあります。

アナタが彼らの前から消えるという選択肢ではなくて、「私が頑張って変えてみたい」とアナタは言うかもしれません。でも、それは有効な方法ではありません。なぜならアナタはすでに彼らにとっては〈獲物〉なのですから。もうすでに料理されてしまったかもしれません。

その〈獲物〉は彼らにとって、自分のハンターとしての狩りの腕によって得られた戦利品でしかないのです。その戦利品からの意見など、絶対に聞ける状態には彼らはないのです。そのことを深く見つめて、認めて、事実と向き合う勇気をアナタが持てると嬉しく思います。

僕はこの本を書くプロセスでも、何人もの、ここ数年の間に騙された経験をもつ女性から話を聞きました。騙されているさいちゅうの子たちに現状の確認をしながら、本を書いています。彼女たちは「この本は冷静な状態のときには素直に受け止められるだろうけど、騙されているさいちゅうの女の子は激しく反発するだろう」と教えてくれました。図星なだけに。

そしてより一層、ホストやヒモなどを「私だけはかばってあげないと。守ってあげないと」と感じるだろうと教えてくれました。

だから激しい反発を感じる人は、この本を一度閉じてください。今は適切なタイミングではないのかもしれませんね。いずれ役に立ちそうなときにお会いできると嬉しく思います。

こういう話をするからといって誤解していただきたくないのは、決して僕は善人ではないということなんです。

だらしないし、鼻クソは平気でほじりたいし、スケベなだけの人間なので、決して善人だと期待しないでください。ただ内情も知った上で、事実を感情抜きで客観的に淡々と述べると、こうなってしまうだけなんです。

幸せの形を決めることから始めましょう

理想の男性と巡り合いたい、つき合いたい。誰だって、そう思っているはずです。

でも「イイ男ってどんな男性？」って尋ねてみても、明確に答えられる女性は非常に少ないです。

ルックスのことや経済面などの話をする人はいます。でも、「じゃあ今まで希望に近い人とつき合ったことがないの？」と聞くとしますよね。

「ない！」と答えた人には、「ぜひ積極的に機会を作ってください」と僕はお答えしています。

その場合には所属コミュニティが少ないのが原因なんです。そのための解決策もあります。でもちょっと、ここでは脇に置いといてください。

「ある！」と答えてくれた場合ですが、「そこでアナタは幸せになったんですか？」そうではありませんよね。幸せになっていないから、この本を手にしてくれたんですもんね。

だから最初に考えていただかないといけない質問があるのです。

〈理想の恋愛をしているときに、アナタはどんな自分でいたいですか？〉

この質問に答えていただかなくてはならないのです。相手に求めることではありません。全部自分の状態だけ考えてください。どんな感じを味わっているか、どんな感覚が自分の中に生まれているか、それによってアナタ自身がどんな状態になっているか。

それを感じてください。そして、その内容を出来るだけ詳しく、ペンを持ちノートに書きとってください。考えこまずに、一気に書いてください。間違っても気にせずに、一気に書き続けてください。書くことは、自分の無意識と上手につながるのに良い方法の1つです。

僕が恋愛に関する相談を受けたときに、必ず最初に尋ねるのは、この質問です。しかし多くの方がすぐには答えられません。その視点で考えたことがないからです。この想像をするときに、特に頭にイメージする映像や、自分の中に生まれる感覚に敏感になってくださいね。その映像や感覚に敏感になるほど、自分自身とのコミュニケーションが上手になっていきます。

この答えを探していると多いのは「安心していたい」「優しい気持ちでいたい」「温かい感じがお腹のあたりに出てくる」「呼吸が楽になる」などの答えが出てきます。どんな答えが出てきてもきっと、それは肯定的《こうていてき》な好ましい内容のはずです。

アナタにとっての理想の相手をお答えします

〈理想の恋愛〉をしているアナタの状態は確認できましたよね。

〈その状態が自分の中でもっと大きく膨らんでいく相手〉です。もしくは、

〈その状態で過ごせる時間が長くなるのを手伝ってくれる相手〉です。

そういう相手でなければ、アナタが魅力的に感じた相手は常に絶対にアナタの理想の相手ではありません。それは絶対の絶対の絶対の絶対、です。

どれほど絶対なのか、上手に伝えることが出来ないのがもどかしいです。

理想の恋愛の中で自分がどうありたいのか？　これが決まらないと理想の相手を見つけられないのです。

これをしっかり定めずに恋愛を始めると、アナタを騙す目的で近づいてくる男の人に魅力を感じてしまうのです。まずはその情報を入れ替えてください。

アナタの中に生まれた〈幸せの感覚〉、温かったり優しい感じがする、その感覚。その感覚がアナタを幸せに導くレーダーの役割を果たします。

このレーダーがない場合には、こんなことが起きてませんか？

「こんな男だとは思わなかった。知っていたらつき合わなかったのに」と後悔しつつ、悩みながらズルズルとつき合って今の関係を手放せない。

その理由は何でしょうか？

新しい関係に踏み出すリスクを冒《おか》すよりも、今は不幸だけど、今の不幸の中で自分をごまかす方法を覚えたからではないでしょうか。

新しい関係がもしも幸せでない場合には、その時点でまた新たに対応方法を覚えなければいけなくなりますから。それを恐れて今の虐待に耐えているのではないでしょうか。

このレーダーがない人は、冷静に考えれば分かることに対しても気がつかないフリをします。自分自身に対して、本当の自分の声を、聞こえないフリをして無視します。

たとえば、クラブでナンパされて知り合った彼との場合の相談でした。

「すごくいい人で、とても優しいの。でも他の女性にも声をかけてるみたい。やめさせること、できないですか？」

どこか変ですよね。アナタに声をかける前に「彼はアナタ以外の女の人に山ほど声をかけてきた」、これは分かりますよね。

それなら、アナタに声をかけた後も、他の女の人に声をかけ続けるのをやめない可能性が高いのは分かりますよね？

「1＋1」はいくつですか？　「2」に決まってますよね。

僕が話している話は全部、この「1＋1＝2」という話を別の表現で話しているだけです。

もしも、違うんじゃないか？　と思ったら常に、ここに帰ってきてくれますか？

「1＋1＝2」という答えを認められない心理状態に陥っている場合に、「1＋1＝2」のほうが間違っているのでしょうか？　それともアナタが気づかないフリをしているのでしょうか？

遊び人を好きになるたびに泣いている子たち

遊び相手にはいいけど結婚相手には絶対にダメ、という男性っていますよね。男の側にしても、「セックスだけなら良いけれど、真剣につき合うのはちょっとなぁ」という女性はいます。

ここまで読んでくれたアナタには伝わっていると思いますが、最初からアナタが傷つくことが決まっている男性を必ず好きになってしまうとします。そんな〈回路〉がアナタの中にあるとしたら毎回苦しむのも当然ですよね。そして、これからも苦しみ続けるのです。この回路を持ち続ける限りは。

でも理屈だけ分かって、無理して誠実そうな人を見つけて結婚しようとしても、やっぱり根本的な自分の心の問題を解決していない限りは結局、関係は破綻《はたん》してしまいます。だけどダメな男とつき合う女性って、つき合う前から「好きなんだけど信じちゃヤバいだろうなぁ」って本当は気づいてますよね。

それでも「俺は今までの男とは違う!」って、一生懸命口説《くど》いてくるのを見て、「もう一度だけ信じてみよう」と思って頑張るんですよね。そしてやっぱり騙される。

騙され続ける人って、自分に罰を与えているみたいですね。自分がそういう相手にふさわしいという罰を与えているように見えます。

騙されれば騙されるほど、もっと騙されやすくなるのは、詐欺商法の被害者のリストが高額で売買されるのを見ても明らかです。アナタは自分が、これ以上騙されないように、自分の幸せに責任を持ってあげなければなりません。

今までの経験の中から学びを得るとしたら、自分が本当に幸せに向かうにはどうすればよいかに気持ちを集中するのが効果的です。

騙される女の人は、これをしません。

騙された後は「なんで私ばかり騙されるんだろう?」と考えます。

「不幸になりたくない」と考えます。

でも幸せになる人は、そうは考えません。「幸せだなぁ」と小さなことからも感じるのです。

不幸から逃げようとするのではなく、今の中に自然に幸せを見つけてしまう。

そういう人が幸せになる人ですよね。

僕が騙され続ける女の子にアドバイスすることの1つに、「受け取ることと与えることとのバランスを覚えなさい」というものがあります。

「アナタがどんなに一方的に、献身的に、むしり取られる状況を我慢しても無駄です。まったく意味はありません。絶対に、その努力を真剣に行っても〈誠意に気づかない〉、もしくは〈トボける〉、もしくは〈さらにますます利用してきてアナタを食いものにする〉、そんな悪い相手が世の中には存在する。同じように傷つく人を減らすために、この経験を活かしなさい」

そして、「3日頑張って相手が変わらなければ、同じ努力をどんなに続けても永久に変わらない」ということです。

押してもダメなら引いてみな！ という言葉を聞いたことがありませんか？ さらに引いてもダメなら回ってみる。それでもダメなら跳《と》んでみたり、とにかくドンドン手を変えて、それでもダメなら潔く諦めましょう。

アナタが自分を大切に出来るようになると、今は平凡に見えてしまって魅力を感じなかった相手に惹《ひ》かれるようになります。今までは気がつかなかった自然で誠実な小さな気配りに目が向き、その背後にある大きな優しさに感じ入るでしょう。

その人はホストやヒモたちのように、巧みには優しさを表現できないかもしれません。時には照れてしまって、自分の好意を受け入れてもらえる自信がなくて、直前で引っ込めてしまうかもしれません。

でも、巧妙に行われる〈優しさの背後の悪意〉に気づいても、それには気持ちが囚《とら》われないで〈小さな親切の背後の大きな愛や慈しみ〉に気づくようになったときに、アナタは必ず幸せを手にしているでしょうね。

数多くの男と寝たがるアナタに

セックスする相手の数をドンドン増やそうとする人って、男女を問わず存在します。

でも、その背後にある動機は、本当は〈恐怖〉なんですよね。

自分で自分を認めてあげて、価値ある存在だと自然に内面からわき上がってくる自信がないので、他人からの評価を常に欲しがっています。

でも、根本的な問題への対処をせずに何人の男の人と寝ても、アナタの問題は解決しません。

最近は中高生と街で食事の席で隣り合わせても、「昨日、○○クンとした」なんて女の子同士で会話しているシーンが増えましたね。

それ自体は僕は何とも思いません。モラルって時代ごとに変化していくものだと思いますからね。

でもちょっと気になることがあるのです。彼女たちって何のために、そうやって数多くの男の人と寝るんでしょう。なぜ援助交際で自分の父親の世代や、それより上の年齢の男の人の満たされなさ、寂しさにつけ込んで稼ぐのでしょう。

本当は自分が認められたかったり、おカネについては自由になりたかったからではないのでしょうか？

でも彼女たちは、その行為によって尊敬の念を得られたのでしょうか？

自由になれたのでしょうか？

答えはおそらくは「ＮＯ」だと思うのです。

何かの答えを探しているんだけど他の探し方が分からないから続けている、そんなふうにしか見えないいんですよね。

僕は風俗店舗を経営していますし、コンサルタントの依頼も受けます。

そうすると風俗で働いている女性と援助交際って、ちょっと違うんですよね。

風俗で働く子の動機は経済活動です。でも援助交際の子って、必ずしもそうではないのです。ときどき援助交際のノリのままの子が風俗に参入してくることがありますが、こういうケースでは他に行くと、アリ地獄のようになってしゃぶり尽くされちゃうので退店戦略をしっかり立てさせます。そうでないとすぐに寂しくなって、ホストやヒモに入れ込んで、何のために働き始めたのか分からなくなりますから。

たとえば、すごい資産家の娘さんが風俗で働くケースってあると思いますか？

実はかなりあるんです。決して少なくありません。

彼女たちの動機は単純な経済活動ではないのです。時には心のどこかで親を困らせたいと思っていたりします。一種の復讐《ふくしゅう》なんですよね。また時には自分を認めてほしい、自分を誰かに激しく求めてほしい。カネを払ってまで手にしたい価値が自分にはあると証明してほしい。その存在確認のために風俗に来る子がいます。

キャバクラなどの飲み屋でも、この〈カネを払ってまで自分を手に入れたいと証明してほしい。自分の価値を目に見える形にしてほしい〉という子は非常に多いですね。

こういう子は飲み屋でも風俗でも、始めた当初は、その仕事を天職だと思うようです。だからすごく元気よく働きます。他人が自分を求めてくる状態が快感だからです。時には目を血走らせながら、正気を失って求めてくるのですから。

お客はあの手この手で今まで経験したことがないたくさんのカードを持ってきて、自分を口説こうとします。高価なプレゼントや今まで言われたことのないセリフなどです。それはさぞかし気持ちが良いのでしょう。

でも、これも永くは続きません。その理由はお分かりですよね。

その方法では、彼女たちが〈求めていたものは本当には手に入れられない〉ことに気づいてしまうからです。感性が豊かで鋭い子なら早い時期に気づくでしょう。でも、心の傷が大きいせいで気がつく時期が遅い人もいます。なかには銀座などで高級クラブまで経営していたりします。ある種、女帝扱いを受けているにもかかわらず、傷つき続けている人もいますよね。

本当の動機は、親から認めてほしい、優しい言葉をかけてほしい、抱きしめてほしい、その思いで苦しんでいるママさんも少なくないですよね。

でも高級クラブを経営したからといって、親が「お前はすごいね」と言うとしたら変ですよね。仮に小遣いを渡したからって「ありがとう。お前を産んでよかった」と言われるのも変です。これも遠からず、認めてくれたのはカネであって自分自身ではないことに気づいてしまいます。

ここで蛇足《だそく》ですが、東大に受かる子供の親に多い傾向を、ある学習塾の社長が教えてくれたのでお伝えしたいと思います。

東大に受かる子供の親って、お受験であくせくするようなタイプはほとんどいないそうです。教育パパ、教育ママは非常に少ないそうです。

「お前がどうなっても私はお前を愛しているよ。なぜならお前は私の子供だから」という情報を上手に子供に伝えることが出来ている親を持つ子供が、東大に合格することが多いそうです。

その上で、教育機会を子供が望むならいくらでも提供すると決意している親を持っている子供が能力を伸ばすようです。

大切なのは〈愛されている実感〉なんですよね。それも無条件の愛情です。

カネを渡すから愛してくれる、セックスを提供するから愛してくれる、テストで良い成績を取るから愛してくれる。

こういう育ち方をすると、必ずパワーゲームに巻き込まれて非常に大きく苦しみます。風俗や水商売の業界を熟知している人間として、子育てについて一言いわせてください。

子育ての際に愛情が条件付きになると、騙されやすい子が育ちます。無条件の愛情の存在を、それまでの人生で経験したことがないので、非常に感性が鈍くなります。

だから男の人を好きになっても、愛情が何なのかピンときません。だから愛情にすり替える最もパワーを持つもの、すなわち「カネ」を渡せば相手が自分に振り向いてくれるというストーリーがとてもスンナリと腑《ふ》に落《お》ちるんです。カネを貢ぐことに納得しやすい人間になってしまいます。

そういう人は恋愛相手から「愛してほしいならカネ持ってこい！」と言われると、「なるほど！」と自然に思ってしまうのです。そういう〈回路〉が入っているのです。

これをソフトに伝えるかハードに伝えるかは関係ないですよ。ソフトな表現方法の悪党を相手にすると女性は「私は私の意志でやっているんだ」と言い訳をして、ボロボロになっていきます。でも表現方法にかかわらず、結果だけが雄弁に真実を語ります。

本題に戻ります。

数多くの男性とセックスを経験したいと思って遊び続けた女の子が、数の追求をやめるときがあります。それは多くの場合、やっぱり真剣に好きな人ができたときなんですね。

数多くの男性とセックスしたいと思う女性や、ホストやヒモに入れ込んでいる女性には、ある共通の傾向があります。非常に心が狭く、選民《せんみん》意識が強いのです。全員ではありませんが、傾向としては間違いありません。統計的なデータをとって、アナタ自身でも確認してください。

これもカルト宗教やマルチ商法に共通する特徴です。

自分たちが、その他大勢と違って特別な存在だと思わないと、カルト的なコミューンは維持できません。そういう心の狭さ、ある種の性格の悪さが特徴です。

もちろん、なかには性格が良いがゆえに利用され、しゃぶり尽くされるケースもありますが。

しかし本当に好きになった相手ができたときに、その相手を好きになることによって自分が街中を歩いている人に対して攻撃的になっているとしたら、その恋愛は良い恋愛ではないのでは、と考えてください。

まぁ、数多くの男性とセックスをしたい、セックスという表現ではないけれどチヤホヤされたいと思うアナタは、ちょっと自分の心の奥底を見つめ直してみてはいかがでしょうか。

バンパイア女タイプのアナタに

いくら美人でもスタイルが良くても、テクニックでは気配りが出来ても、「絶対、長時間は一緒にいたくないなぁ」と思われてしまう女性がいます。エネルギーが吸い取られるように一緒の空間にいるだけで元気がなくなり、ストレスが溜まるような。

その攻撃はさまざまな角度から行われます。まずいちばん周囲に強烈なダメージを与えるのが〈否定的な物の考え方・見方〉、そして〈ネガティブな言動〉ですね。ポジティブなエネルギーを持っている人間が何人かいても、ネガティブな発言をする人間が1人でもいると、その場の雰囲気はだいなしになりますよね。

その場にいる人間が単に元気がないという状況程度なら、パワフルで元気が良い人が1人いれば場の雰囲気は楽しくなり、活気づく。これはよくあることです。でも否定的な発言までする人が1人いると、皆そちらに引きずられて元気が出なくなったりしますよね。

そして、そういう人って話す前から嫌な雰囲気ありますよね。

こういう空気、ある種の〈オーラ〉と呼んでもいいのでしょうが、この人間は必ず相手の運気を奪います。男女とも、こういう人いますよね。

こういう女性は少なくとも、運気の良い人間には好かれないことが多いようです。

自分自身が経営者をやっていて、なおかつコンサルタントもやると、成功している社長さんたちにお話しさせていただく機会が少なからずあります。成功している社長さんは例外なく、見えない流れや運気について「理屈は分からないけど確かにあるだろうね」と言います。

「そんなモノは迷信だ！　信じない！」という人は成功者にはほとんどいません。

だからこそ、否定的な発言をしたり、暗い雰囲気の人を成功者は嫌います。

成功する人たちはどんな出来事に対しても〈ポジティブな解釈〉をして、〈ポジティブな行動〉を選択するように心がけます。そして口先だけでなく、〈現実に結果を出す人〉が大好きです。

この、どれか1つが欠けてもダメです。

ネガティブなモノの解釈をする人間が大嫌い。ネガティブな発言をする人間が大嫌い。ポジティブな行動をしない人間が大嫌い。結果を出せない人間が大嫌いです。

だから〈バンパイア・タイプ〉の女性は、成功者との縁は薄いでしょうね。

でも彼女たちが男に全然モテないかといえば、実は「NO」なんです。

けれども彼女のようなタイプを好きになる男性って、ネガティブなタイプか、今は経済的に良くても運気が落ちている人が多いです。人を騙して稼いでいるような人が、バンパイア・タイプの女性とつき合って運気を落として破滅するのはよくある話ですね。

運気って、良い人同士がつるむとコラボレートされて、相乗効果でドンドン上向きになります。でも、悪い運気も同じように相乗効果で大きくなります。

騙すタイプの人は他人から運気を吸い取っていますが、すぐには自分は被害を受けないように見えます。だから騙して稼ぐことが、割の良いビジネスに思えるんでしょうね。だけど被害がやってくる時期がズレているだけに見えます。

自分自身に被害が来なくても、家族に振りかかったりしているように見えます。

「人を呪《のろ》えば穴二つ」です。

護《まも》られる幸せを見つけたアナタに

イスラム社会では、複数の女性を奥さんにすることが合法的に認められてますよね。知人に聞いただけなので、間違っている部分は僕自身の解釈の間違いですから、宗教的な部分の誤りは勘弁してくださいね。

日本のモラル観だと女性は抵抗感を感じるかもしれないですが、その中身は実際にはかなり厳しい内容みたいですね。

一夫多妻制が認められているかわりに、男はその分、奥さん全員を幸せにする義務と責任を負っているそうです。

それは生活の面倒はもちろん、夜の生活まで誰ひとり不服を言わないように、ケアしてあげなきゃならないそうです。

3人なら3人の奥さんに、何不自由ない暮らしを提供するのは簡単じゃないと思いますよね。若いときには経済的に豊かで3人の奥さんを持ったけれども、事業が失敗して面倒を見られなくなった場合に、自己嫌悪から自殺するケースもあるようです。

アゼルバイジャンというイスラム教徒の国があるんですけど、僕はこの国の価値観が非常に肌に合うんです。強盗をしても人殺しをしても、女房・子供をしっかり面倒見れば親戚じゅうから「アイツはたいしたもんだ！」と言われるそうです。

その代わりに、どんなに善人に見えて悪いことは何ひとつしなくても、女房・子供が飯も食えないようでは一族全体の恥さらしで馬鹿扱いだそうです。

僕は仕事柄、ホストやヒモに苦しめられている女の子や、ひどいケースでは実の父親に食いものにされているケースを目の当たりにしていますから、アゼルバイジャンの人たちの価値観が好きになってしまうのかもしれませんね。

家族を食いものにする人たちに嫌悪感を抱くので、その反対側に大きく共感してしまいます。

それと同じくらい、本人の信念を貫き通す善人ぶった人たちは嫌いなんですね。そのせいで家族を苦しめる人っていますよね。強盗や人殺しが良いかどうかはまったく別問題ですけどね。それは確かに悪いことなんですけど。

さて、ここでアナタに尋ねたいのはこんな質問です。

「アナタが本当に困ったときに、アナタのところに何としてでも助けに来てくれる人を選んでいますか？」

少なくとも、アナタを護《まも》ろうとして戦ってくれる人を選んでいますか？

得意なケースだけ護ろうとしてくれるのでは意味ないですよね。

喧嘩は強いかもしれないけどビジネスは苦手なときに、どうしてもおカネが必要だったら、彼はどう頑張って結果を出すのでしょうか？

逆に、頭は良いけど喧嘩は弱い彼が、アナタと一緒にいるときに暴漢に襲われたらどうやって戦うのでしょうか？

苦手なことでもアナタを護ろうとしてくれるでしょうか？　それだけが本当は持たなければならない〈判断基準〉なのではないでしょうか？

得意なことだけ頑張る、苦手なことのときはどうするか分からない。逃げるかもしれない。

そうだとしたら愛されているのでしょうか？

また、もしも「絶対に信用できる、そして信頼できる」と断言できる人と幸運にも一緒にいるとしたら、その人に対してアナタはふさわしい相手なのでしょうか？

アナタと彼は都合の良いときだけ利用しあう関係だったりしませんか？ アナタが彼に一方的に利用されたり、アナタが彼を一方的に利用している関係ではないですか？

もしも「私と彼は互いにふさわしいパートナーだ！」と言い切れるなら、それはなぜですか？

成長し合える関係を築けるアナタに

良い男と巡り合うと女性は変わりますよね。ものすごーく。

良い女との出会いではもちろん、男も成長します。

僕の知り合いにすごく気持ちの良い例があるんですね。

学生時代にはまったく勉強しなかった女性が、好きになった男性に影響されて勉強し始めたんですよ。その男性も非常に頭の良い方です。

女性の集中力ってすごいですね。

今ではある六大学の1つの学校の法学部に入ってます。弁護士になるそうです。

やっているうちに勉強の面白さにも目覚《めざ》めて漢字検定も受けて、このあいだ1級を取ったって言ってました。魚の「あゆ」って漢字は3種類ある、そんなことを教えてくれました。

アナタはパートナーと出会ってからどう変わりましたか？

飲み歩いたり遊びまくったりして過ごした時間って、あとから振り返って「やってよかった」って思う時間の使い方なんですかね？

家でゴロゴロしているのって、アナタが成長する過ごし方なんですかね？

セミナーなんか受けるといいですよ。質の良いものに限りますけど。

自分が幸せだと感じる気持ちを膨《ふく》らませられる、向上心の高い種類の人たちが集まりそうなセミナーを選ぶといいですよ。

僕が尊敬している社長さんの1人で、プロアクティブって会社の山口社長という方が教えてくれた言葉を紹介させていただきますね。

「セミナーは気づきのアウトソーシング」です。

僕は昔、セミナーって嫌いでした。自己啓発セミナーやマルチ商法の洗脳セミナーが多かったですし、結果を出した実績のない人が威張っている、意味のないものが多かったですから。

でも今はけっこう内容の良い、そして良心的な会費のセミナーが多いです。

自分で本を読んだり日常の中で気づくのもよいけど、ビジネスセミナーなんかを覗くとためになること多いです。

成長はコミュニケーションからしか生まれません。

自分自身とのコミュニケーションとして内面を探っていくか、他人とのコミュニケーションをするか、そこからしか成長は生まれないですよね。

だからメールでも電話でもインターネットの掲示板の書き込みでもいいから、たくさんコミュニケーションしてください。

注意点は、ネガティブな気持ちになるコミュニケーションは避けること。

ポジティブな気持ちになれるコミュニケーションを増やしてください。

Ⅲ章

ダメンズにつかまらないために

本当に自分を可愛がってあげること

「妹が悪い男に貢《みつ》いでる。真実に気づかせてあげる方法を教えてください」

「男から騙《だま》されないための心構えや、悪い男の見抜き方を知りたい」

こんな相談や質問がここ数年、それまでにないほど急増しています。

でも非常に難しいですね。まず騙されない人が聞けば、アドバイスは「なるほど！」と心に響いて、その通りにします。結果的に騙されません。

〈騙される種〉を心の中に持っているけど今は騙されていない人なら、前章で伝えたように、〈自分の幸せな状態の感覚〉を自分で確認しながら丁寧《ていねい》に関係を見ていくことで改善はできます。

でも、今ちょうど騙されているさいちゅうのときには僕の話を聞かないでしょう。

先日も、かつてホストに騙されていた女の子が、「後藤さんの話を聞いたら図星だからこそ耳をふさぐかもしれない。ホストにはまっているときやヒモに貢いでいるときにはいちばん聞きたくない話だと思う」と言っていました。だから僕の話で騙される期間の短縮ができたり、ガケから落ちる直前であっても踏み止まる人が少しでも増えれば、それで充分だと思っています。

だから相談を受けたときに僕は、騙されている当人が「直接話を聞きたい、この状態から抜けるのにどんなアドバイスでも実行する」という決意ができるまでは一切の話をしません。

騙されている人間がいた場合にちょっと考えてほしいのですが、本人とその仲間以外の人間にとっては、騙されているという事実はすごく分かりやすいのです。

分かっていない人のことがバカにしか見えません。

でも騙されている本人は、その事実から目をそむけているのです。

そして愚《ぐ》にもつかない言い訳をしますよね。だからよく覚えておいてください。彼女は〈簡単な事実を認めることすら出来ない心理状態〉になっているのです。

カルト宗教、マルチ商法の被害者と同じ状態ですよね。

彼女を助けてあげたい気持ちがあるなら焦《あせ》らないでください。それがもっとも結果が出るのが早いと思います。焦る気持ちがある場合には、アナタはお友達や妹さんを助けることよりも、アナタ自身の満足感のために動いているのではないでしょうか。

カウンセラーや精神科医と話してみると、質の良い人は、「自分がクライアントにとって必要なくなること」を目指しています。しかし悪い医者やカウンセラーは「自分がいなければ正常でいられないようにすること」を目標としています。そのほうが儲かりますからね。

また、悪意はないけれども結局ダメな人たちは、自分自身が好かれようとしたり、保身に走ります。でもアナタの目的は彼女を助けてあげることですよね。

それなら日常的な準備としては、子供とのコミュニケーション方法について書いてある本を読むのが非常に効果的だと思います。彼女たちが騙されやすい原因の多くは幼い頃の心の傷だったりします。アナタが騙されやすいなら、アナタの問題も子供の頃の体験だったりします。その心の傷を癒《いや》すには、その子供の頃の心の状態になることが必要だったり、大切だったりすることが少なくありません。

だから彼女たちに対して子供のように接して理解してあげてください。そしてアナタ自身もくつろいでください。僕は自分の組織でも、お手伝いする組織でも、女の子に対して（相手が年上だとしても）、子供なんだという前提で話をします。設定する年齢は幼稚園児から小学校の低学年くらいです。

ちなみに2003年現在で僕は35歳なのですが、自分の心を見つめてみると本当は、ビジネス的に研《と》ぎ澄《す》まされた思考を必要とするとき以外は12歳の頃と精神年齢は変わらないように実感しています。それどころか多くの場合には、心の状態はそれよりも幼い頃と同じになっています。

僕自身がそうなので皆に尋ねてみると、本当は大差ないですね。男の人の場合も同じです。年上の人でも成功している経営者でも、現実への対処能力が増しているだけで、本質的には内面の深い部分は子供の頃と変わっていないようです。

実はアナタも同じなんじゃないでしょうか。

僕は経営者ですので、実年齢以上に大人の精神状態になるときももちろんあります。でも、幼い頃と大人の自分の幅を行き来しているのが人間なのではないでしょうか。そして何かを大きく学ぶことが出来るとき、素直な心のとき、それは〈心が子供のとき〉ではないでしょうか。

子供に対するように接すると、相手の中の子供の部分と話が出来るようになってきます。その結果、相手が傷ついてしまっている原因になっている部分を癒せることが多くなります。

男女を問わず、騙されやすい人と騙されにくい人を比べてみると、〈自分のことを大切にする習慣〉があるかどうかという違いがあるようです。

騙されること、そして騙されている状態に気づかないフリをすること、利用されても仕方がないと妥協すること、それでは自分を大切にしているとは言えませんよね。

先ほどもお伝えしたのですが、〈条件付きの愛情〉で育てられると、自分自身をどうやって大切にすればよいのか学んでいないことがよくあります。

でも無条件の愛情って、現代に生きている人にとっては理解するのが難しいですよね。僕だって今でも難しいです。自分から外に向かって無条件の愛情を注ごうとしても、対象を間違うと徹底的に利用されてしまうことはよくあります。

悪い人間ほど自分のことは棚に上げて、「私にとっての誠意はカネ！　カネをくれないなら気持ちがあるとは信じられない！」と言いますよね。

優しい人間ほど、それを鵜呑《うの》みにして食い物にされています。

でも、言っている当の本人は何もしないで、他人に対してつねに要求するばかりです。

無条件の愛といっても、相手の不適切な行動を受け入れなければいけないのではありません。

相手を受け入れる気持ちで接することと、存在は受け入れるけれども行動は改善してほしいと思うこと、両者の間には大きな大きな違いがあります。

本当の愛情って何でしょう？　実はテーマが大き過ぎて僕にもよく分かりません。

だけど、利用されてしまう娘さんが治っていくプロセスをお手伝いさせていただいた経験から言うと、彼女たちが無条件の愛情を注ぐ先を見つけて彼女たち自身の内面から愛情が自然に生まれてくるようにするのが効果的なようです。

ペットを飼うなんてことが、そのプロセスになっている人もいます。

ただし精神的な成熟度が低い人は絶対に、手間がかかるペットは飼わないでください。

それをきっかけにしてペットへの虐待が始まるケースも、よく耳にする話です。

同じパターンの恋をなぜ繰り返してしまうのか

先日面白いニュースを見ました。東京の郊外にある高尾山《たかおさん》にはサルがいます。そのサルたちは街まで降りてきて、コンクリートをなめるそうです。理由はカルシウムが足りないからだそうです。不足するカルシウムをコンクリートをなめて補うそうです。詳細が間違っていたらごめんなさい。各自調べてみてください。相手はサルですから、コンクリートにカルシウムが入っているなんて知識はないですよね。身体が自然に要求しているからなめているだけですよね。

つまりサルは「おいしい！」からなめているわけです。

野生動物の防衛本能なんでしょうか。自分に足りない栄養素をおいしいと感じる機能が備わっているんですね。

人間だって動物なんですから、本来こんな能力があってもよさそうなもんです。でも、この回路が欠如《けつじょ》している人がほとんどですよね。特に栄養面では、自分自身にとって必要なはずの栄養素を、必ずしもおいしいと感じて好きになるとは限らないですよね。

肉は食べるけど野菜は全然食べない、なんて人は多いんじゃないでしょうか。

断食《だんじき》をしたりすると感覚が敏感になって、「自分の身体の声が聞こえる！」なんて話はよく耳にします。ファスティング・ダイエットなんて最近よく聞きますよね。

断食直後は料理が舌の上で細かく分かれて味を認識できるとか、自分の体じゅうの細胞が今まさに必要な栄養素を求めているのが分かる、なんて言ったりします。

だからどうも「自分は自分自身を大切にしないみたいだ、互いが幸せになれる相手に恋をしないようだ！」と気づいたら、断食みたいにしばらく〈オトコ断ち〉してみてはいかがでしょうか。断食については女性のほうが詳しいでしょうが、宿便が出るのには最低2週間以上の断食が必要ですよね。最低でも、それと同じくらいの効果が出る期間は自分自身を見つめてみてはいかがでしょうか。

ひとつの恋が終わっても、そこから学ばずに、リレーのバトンを引き継ぐように次の恋を始める人がいます。寂しいからでしょうか。でもうまくいかないことが多いですよね。自分に正直になると、前回と同じパターンで恋が破綻《はたん》するのではないでしょうか？

自分を大切にするというのは、一時的な快楽に身をまかせたり、楽な方向に逃げることではないですよね。本当に大切なのは本質的に楽しい方向に向かうことであって、一時的にはラクだけど、後々しっぺ返しが来る選択をすることではないですよね。

たとえばアナタが交通事故に遭《あ》ったとします。そして足を骨折したとします。そして足が治ったとします。

そのときに「この足は骨折したのだから今後一生無理はしない！　だから今後一生歩くのはやめよう！」と考えたとしたら、それはアナタにとって良い選択なのでしょうか？

逆ですよね。最初は痛いかもしれないけど一生懸命リハビリして、骨折する以前よりも元気に動けるようになるのが、アナタ自身を大切にする、可愛がる、という意味ですよね。

「私は変わらずに彼だけを変えたい」なんて言われても……

彼がキレてすぐにアナタに暴力を振るったり、カネ遣《づか》いが荒くてカネをせびる場合に、「相手を変えたいんですけど、どうしたらいいですか」と相談してくる人がいます。

でも逆に教えてもらいたいことがあるんですね。

「そういう男の人は初めてですか？」。アナタを虐待する男の人とのつき合いは。時には殴ることだったかもしれません。カネを貢がせることかもしれません。他の女性と比べてアナタを罵倒《ばとう》して否定することかもしれません。

最初に必要なのは、アナタが〈今回こそ必ず変わる〉という決意です。もう同じ状況に身を置くことは絶対に許さないという強い決意です。そのためなら手段は選ばない。

あらゆる方法を使って、この虐待される環境を変える！　その決意が必要なんです。

その決意に同意してもらえますか？

この状況を変える方法は確かに存在します。様々なカウンセリング手法が存在しますし、達人的な腕を持つカウンセラーと出会えれば（非常に稀《まれ》ですが）、アナタは変われるかもしれません。

しかし何よりも大切なのは、アナタ自身が、この状況を変える決意をしているかどうかなんです。その決意をした結果、もしかするとアナタは今のパートナーと別れなければならないかもしれません。それでも変わる決意をかたく貫《つらぬ》けるでしょうか。

それができなければ今回も必ず失敗するでしょう。変わるのはつねにアナタ自身です。どんなに優秀なカウンセラーも、それを隣でお手伝いすることしかできません。

映画『スターウォーズ』で有名なシーンがあります。ヨーダ（ジェダイマスターという戦士の先生）が、弟子に念力（フォース《思いの力》）だけで大きな飛行機を持ち上げさせようとするんですね。そこで弟子のルーク・スカイウォーカーは「やってみる」と言うわけです。これには「できないだろうけど、とりあえず試してみる」という疑いの気持ちが入っています。だからできないのです。「必ずやる！」と決意して、それが「できる！」と信じることがすごく大切との教えでした。

それと途中でくじけてしまったときに思い出してほしいのですが、くじけたら全部失敗だと思わないでほしいのです。

もちろん、くじけずに頑張ろうと思って取り組んでほしいのですが、万が一失敗してしまってもやり直せばよいのです。

その決意をしただけでパートナーが変わってくれることもあるでしょう。でも変わらないときもあるでしょう。

いくら相手を変えたいといっても、直接変えることができるのは誰だって自分自身だけなんです。アナタが変えることができるのは、アナタだけということです。パートナーに対して出来るのは影響を与えることだけです。その影響を受けて相手が変わるかどうかは相手の選択です。

影響力の大小は、それぞれ違うでしょう。技術や知識を身につけることによって与える影響力は大きくなるかもしれません。しかし原則的にアナタが変えることができるのはアナタだけに限られているわけです。もちろん僕は、そのプロセスをお手伝いさせていただきたいとは思っていますけどね。


〈アナタは今、変わる決意が、そして準備ができていますか？〉

感受性を磨く方法はこんなにたくさんある

いつもは使っていない感覚を使ってみましょう。使っていない脳の領域を刺激してみましょう。そうすると、今までは気がつかなかったことにものすごく気がつくようになります。

僕は絵を描くのは下手《へた》だったんですけど、見るのは大好きなんですね。だから美術館によく行くんです。美術館には写実的なリアルな絵だけじゃなく、ピカソの絵みたいな抽象的な絵も展示してありますよね。一見すると、子供が描いたんじゃないかと思えるような絵もたくさんありますよね。

そこで気がついたことがあります。美術館に行く前には写真そっくりに描く人のほうが絵が上手《じょうず》だって思っていたんですね。でも違いますね。目の前に立ったときにガーンとくるとか、心に染み入る絵ってあるんです。

その絵は必ずしも写実的な絵ではないんです。写実的な絵でも、心に訴えかけてくる絵はもちろんあります。でもその衝撃は、写実的か否かなどの表面的な要素とは全然別のところにあるんです。

小さいころ大人が言っていませんでしたか？「上手に描かなくてもいいんだよ。元気よく描けばいいんだよ」って。でも、そのセリフってすごく空虚に聞こえて、ウソだって分かっていました。実際にそのセリフを言っている人は、巧みに描けない子供に対して、少しずつ練習すればいずれは上手になるかもしれないという気持ちで励ましただけだとは思います。

だから僕の子供のころにそのセリフを言った彼らは、現状の絵そのままだと肯定はやはりしていないんですね。

だけど、そのセリフを最初に言い始めた人がいると思うんです。その人はきっと絵のことが本質的に分かっていた人だと思うんです。

子供が描いた絵でも、その思いが表現できていれば感動が深く伝わるときがあります。だから抽象的な絵を描く画家って、わざわざ抽象的な絵を写実的にはしないで、自分の想いがいちばんキャンバスに乗っかる手法で描いていると思うんです。

その子供が描いたような絵の、あの強烈なインパクトって、どこからやってくるかといえばやっぱり、その描き手の心の中なんですよね。

それは僕の勘違いかもしれません。でも絵の筆使いからもう作者が死んで久しい絵を見ながら、「このときこの人は嬉しかったんだろうなぁ、悲しかったんだろうなぁ」と伝わって、内面に感情が湧いてきます。そうなってくると不思議なことに、仕事でも周りの小さな出来事が、それ以前よりもよく見えてくるようになります。本当に本当に不思議なくらい。

絵を見ることによって、今まで使っていなかった脳の領域が刺激されたのではないでしょうか。そうなると、今までは集まってこなかった情報が集まってきます。

社員を見ていても「こいつ、こんな隠れた努力をしていたんだなぁ」ということが分かったり、「あいつ、表面的には誠実なフリをしているけどアピールが得意なだけで裏があるなぁ」などというふうに。

今、良い恋ができていない人の判断基準、物の見方は非常に一面的なんですね。

それで多くの人が共通して言うのが、「ダメな男を好きになるとは分かっているけど、たぶん次回も同じだと思う」と前もって言葉にしてしまうのです。

本人が決めているのです。前もって予測しているので、悪い男に引っかかっても仕方がないと諦める準備をしているのですから騙されるのも当然です。

そして同じようなファッション、同じような雰囲気、そして同じ性格によって同じような行動をする相手を必ず選ぶんですね。まぁ、違う部分はあっても、虐待をするという点だけは必ず共通しています。

それは、〈同じ感性のまま相手を選ぶ〉のをやめないからではないでしょうか。

だから今まで使っていなかった脳の領域を刺激して、別の角度からモノを見ましょう。

それまでには想像すらしていなかったことにチャレンジしましょうよ。

散歩をすれば気分も変わる

何かに迷ったとき、気軽にできることで効果的なのは〈散歩〉です。ウォーキングもいいですが。ポイントはできるだけ知らない道を歩くこと。

阪神淡路大震災やオウムのサリン事件以降、マスコミでも取り上げられるようになったPTSD（外傷後ストレス障害）。これは天災や虐待などで強い情緒《じょうちょ》刺激を伴う出来事を経験したときに起こります。その出来事を思い出したくないのに、そのことで悪夢にうなされたり、眠れなかったり、恐怖感や不安感を覚えて日常生活に支障が出る状態と大まかに考えてください。このPTSDの治療法として「EMDR」っていう方法があるんですね。

EMDRは眼球の動きを利用してトラウマを治す療法で、1980年代末にアメリカでフランシーヌ・シャピロ博士という臨床心理学者によって開発というか、発見されました。

EMDRはそれまでの治療法とは比べても非常に大きな効果を発揮したそうです。たしか2、3年前、『こころの臨床』という専門雑誌に特集が組まれていました。興味のある方は大きな書店で探してください。表紙には「これは奇跡か？」って書いてあります。それくらい画期的で効果の高い方法だったんですね。

今は、さらにその発展形が出ています。その個々のやり方は自分で探してください。ここでお伝えしたいのは、指をクライアントの前で動かして、視線で、その指を追ってもらうとトラウマが解消されるということです。眼球運動が脳を直接的に刺激し、脳が本来もっている情報処理のプロセスを活性化するからだそうです。だから、放っておくと5年も10年かけて、心のどこかに落ち着かせていくプロセスを、非常に短時間に進めることができると思ってください。

面白いのは、眼の動きでトラウマが改善されるなんて一見突拍子《とっぴょうし》もない事実を、シャピロ博士がどのようにして発見できたのかということです。

それが実は〈散歩〉なんです。落ち込んだときに散歩をして景色を眺めていると、自分の心理状態が変化していくのを発見したそうです。

眼をめまぐるしく動かすことで、普段はあまり使わない脳の領域を刺激することが大切。だから知らない通りを散歩するのはよいみたいですね。たしかに僕自身が試しても、気が紛れたり、新しいアイデアが生まれたり、じっとしているよりもはるかに効果的ですね。だから僕も、それを利用して気分転換に今日も出かけています。

所属コミュニティを増やしてください

僕は過疎化した町や村に出向いて、コミュニケーションの指導をしています。結婚できない男の人が結婚できるように。できれば、その地域の人口減少を改善するお手伝いができるように。最近では、仲人《なこうど》に国から補助金を出す制度があるみたいです。僕のところには話が来ていないのでちょっと怒っています。誰か手配してください（笑）。

このときに指導している内容が役に立つと思うので、紹介させてください。

過疎化した地域への指導に行くと例外なく皆、出会いがないことを環境のせいにします。自分自身には問題がない。少なくとも自分のコミュニケーション能力は平均的であり、他人には劣っていない。けれども抱えている状況が不利だから結婚できない、それが彼らの言い分なんですね。そうだとすれば、その地域には結婚できる人が誰もいないかと言えば、ＮＯなんです。

指導を始めた当初、僕は彼らが積極的な行動をするように指導をしました。その中で1人でも結婚できる人間が出ると、それに続く人間が出てきますので。

この方法は少しは成功しました。まぁ過疎化した地域から招かれても大きな予算はありませんし、僕も心意気だけで今までは行ってきたので、大成功と言ってもよいと思います。

しかし、この方法では、人間的には良い人なんですけど、その魅力を上手に伝えきれないという人を救い上げることはできなかったんです。言い訳ばかりの人間は心の病気のほうを先に治す必要がありますが、それは専門家にお任せしたいので、そういう人とは分けて考えてください。そこで最近かなり成功していて、今まで救えなかった層もパートナーをどんどん見つけることに成功している例を紹介します。

それは〈メールマガジン〉を発行することです。これは是非やってください。

恋愛の機会がない人にはある傾向があります。ほとんど仕事場と家の往復しかしない人が多いんです。これは男女に共通しています。仕事だけで経済的に手いっぱいという人は短いバイトでもしてください。恋愛をメインで考えるならば、週に2時間だけのバイトでもいいから複数を掛け持ちしたほうが絶対にチャンスは増えます。しかし、それもできにくい人に提案したいのがメルマガ発行です（言い訳が多い人があまりにたくさんいるので考えだした苦肉の策でした）。

家と仕事場、2カ所だけの往復ではチャンスが生まれるほうが不思議ですよね。

そこで内向的な人でも所属コミュニティを増やせる方法を考えたのです。成長はコミュニケーションからしか生まれません。だから多くの人と知り合えてコミュニケーションを取り始められる方法が必要だったのです。

この方法の良い点は、アナタが内向的でも大丈夫なことです。すでにインターネットをやっていれば発行にはおカネがかからない（電話代はかかりますよ）。好きな分野で発行すれば同好の士が集まる。いやならやめちゃえばいい。

などのメリットが特徴としてあります。

他の方法でもいいのですが、習い事でもメールマガジンでも、家族、職場の同僚、それ以外にも所属コミュニティが多ければ多いほどチャンスも生まれますし、新しいものの見方が増えます。つき合う人は必ず向上心のある人にしてください。自殺志願者を集めるサイトで本当に心中した人たちがいましたが、そういう後ろ向きなものは絶対に避けてください。

またやめてほしいのが飲み仲間、ギャンブル仲間を増やすことです。多くの場合には非建設的なつき合いになってしまいます。

気が合った者同士が飲み会を開くのと、わざわざ飲み仲間を作るのではまるで意味が違います。

アナタの水の結晶は大丈夫?

「心理学関係の本を読みたいけれど、何か本を紹介してくれない?」という相談をたびたび受けます。僕は心理学の本も少なからず読むのですが、最近は、そんなときのアドバイスは決めてあります。「心理学の専門書を読む前に読んでもらいたい本がある。『水からの伝言』（HM総合研究所・江本勝著、波動教育社刊）だ」。

この本は簡単に言ってしまうと、「水の氷結結晶《ひょうけつけっしょう》写真集」です。

水の結晶が状況ごとに写し出されていて、世界観が変わるような出来事が解説として綴られています。どうやってその結晶が出来たのかという理由が重要なんです。

たとえば、「ありがとう！」と声をかけ続けられたごはんは、半ば発酵《はっこう》状態となって芳醇《ほうじゅん》な香りを発したり、「ばかやろう！」と声をかけ続けられたごはんは、真っ黒に変色して腐ったりするそうです。

かけた言葉によって水の結晶が変化して、ごはんの味も変わってしまうというのです。僕は科学者ではないので、同様の実験をしてこれが事実かどうかを自分の目で確認したわけではありません。でも本当のような気がするし、本当だといいなぁとは思っています。

「ありがとう」のようにポジティブな言葉だと六角形のきれいな水の結晶ができて、「ばかやろう」といったネガティブな言葉だと結晶が崩れるとしたら、アナタも言葉遣いに気を使おうと思いませんか？　声に出すすべての言葉を、きれいなポジティブな言葉にしたくなりませんか？

人間の身体の70％は水分ですよね。どんな言葉を遣《つか》っているかによって、話している当人の自分自身の体の中の水の結晶が変化するとしたら、周りの人たちの水の結晶も変化してしまうとしたら、アナタは何をどのように話しますか。

肯定的で優しい言葉なら、きれいに結晶化した水がアナタの体の中に整うでしょう。そうなるとアナタ自身がますますきれいになるでしょう。何にでも積極的に取り組めるようになるんじゃないでしょうか。反対に否定的な言葉で愚痴《ぐち》を言ったり、他人の悪口を言っていたりすると、その場だけすっきりしたような気がしても、それは錯覚《さっかく》ですよ。アナタの中の水の結晶は無残にも形をとどめないでしょう。その結果、疲れやすくて、もっとイライラすると思います。

他人に対してなら、言葉にしなければ影響しなくてすむかもしれません。でも自分自身は、自分が思った瞬間に影響を受け始めてしまうのではないでしょうか。

そうだとしたら、自分が楽しくてワクワクするように日常を送りたいですよね。

もしも、いやな気持ちで時間を過ごさなければならない状態をアナタに対して生み出すパートナーと一緒にいるなら、一刻も早く縁を切ったほうがいいです。

この話を読んで、アナタの〈いい男の定義〉が変わりませんか？

そうです、アナタの中の水の結晶をきれいに結晶化させてくれる人を〈いい男〉って決めてみませんか？

気の流れもすごく大切です

僕は会社経営の戦略を考えるのに武道や武術や兵法を応用するのが好きで、少し勉強していいます。武道・武術といってもいろいろなジャンルがあるんです。〈気〉の流れを大切にする合気道や太極拳のようなものなら、アナタも名前くらいは聞いたことがあるでしょうか。

そういう武術の先生から、非常に興味深いお話を教えていただきました。

その先生が言うには、人間がいちばん能力を発揮できるのは、〈気〉がちょうど人間の中心にバランス良く落ち着いているときだそうです。

それは、体温が36度前後の状態が最も人間が能力を発揮できるのと似たようなものだそうです。

だから〈気〉が頭のほうに上がっている人は下げてあげなければいけない。足元のほうに下がってしまっている人は上げてあげなければいけない。

これが〈ほめる〉ことや〈叱る〉ことだそうです。

慢心増長《まんしんぞうちょう》して天狗《てんぐ》になって自惚《うぬぼ》れている人は〈気〉が上がっているから、下げてあげなければいけない。これが〈叱る〉ということだそうです。だから、穏やかに話そうが、反対に殴ろうが、上がっている気が下がればいいんです。下がらなければ叱ることが成功したとは言えないそうです。上がった気を下げることが目的なのですから。その状態を整えるのが、相手がベストな対応能力を発揮できる土台なんです。

逆に、落ち込んでいる人は〈気〉が下がっているので、上げてやらなければいけません。その作業が〈ほめる〉ということだそうです。

だから飲みに連れて行こうが、じっくりと膝を詰めて話そうが、下がっている〈気〉が上がらない限りはほめたことにはならないのです。もしも目が合うだけで微笑《ほほえ》みかけたら相手の〈気〉が上がって元気になったとしますよね。そうであれば一言も言葉を交わさなかったけどほめることに成功しているわけです。

普通の人って自分の思い込みだけが先行して、全然ほめることも、叱ることも成功できていませんよね。

僕は別に超能力者ではないので〈気〉が見えたりするわけではありません。

でも何となく、分かったつもりになってやるだけで相当な効果がありました。

ある行動をしたら〈ほめる〉、〈叱る〉というパターンを事前に決めている人っていますよね。

でもあれってうまくいくのでしょうか？　人間を全然見ていないわけですから。

上がっていたら下げてあげる。下がっていたら上げてあげる。人間を見て、ただ常に真ん中に戻してあげる。それだけを心がけていたほうがうまくいく気がするんですよね。

それを見抜くにはやっぱり、〈気〉という目に見えないものを目安にするだけに、感性を磨かないと難しいんじゃないでしょうか。

じゃあ、感性はどう養うんでしょうか。これは、結局、自分を大切にすることしかないような気がします。話は元に戻っちゃいますけど。

Ⅳ章

間違いだらけの恋愛観・結婚観

恋愛方程式はとってもシンプル

恋愛の成立はシンプルな公式から構成されていますよね。男性なら、

口説く回数×口説ける確率＝成立した恋愛の数

女性なら、

口説かれる回数×男の人に先へ進む決意をさせる確率＝成立した恋愛の数

僕の経験から言えば、物事の選択はシンプルなことと複雑なことがあったら、大抵の場合は〈シンプルなほうが真実〉ですね。

「パレートの法則」ってご存じですか。20％の行動が結果の80％に影響するとか、世の中の20％が富の80％を持っているとか。要するに、ある程度の少ない部分が結果に大きな影響を及ぼしているという法則です。

男女を問わずモテている人は、その効果的な20％に集中して何かを行っています。

なかなかチャンスをモノにできない人の行動は、効果のない80％に集中しています。

その効果的な20％とは何かを理解して、そして実行することが、何をやっても大きな

成功を手に入れるのにいちばん大切なことなのです。20％の行動が効果の80％を生みます。ダメな80％の行動は効果の20％しか生みません。

だから効果的な行動をするのと効果的でない行動をするのとでは、アナタの人生への影響は16倍の差が生じてしまうと覚えておいてください。アナタの不幸の80％を作っているのも20％の行動なのです。

それは絶対にやめなければいけません。アナタの幸せの80％を作る活動も20％の活動です。だから幸せを生み出す20％は絶対に増やすべきだし、不幸を生み出す20％は今すぐにでも絶対にやめなければいけません。

不幸を生み出す20％の中で最も多いこと、そして最悪の影響を人生に与える要素が〈自分を不幸にする男を選ぶ〉です。これは絶対に今すぐにやめてください。

幸せになる人の行動の特徴を挙げておきます。

その1番目は〈所属コミュニティが多いこと〉なんです。

2番目は〈周りの人に元気や勇気を与える人になること〉なんです。

色気やセクシーさで迫らなくても、この2つを理解して実践《じっせん》していれば、アナタを魅力的に思う人が必ず出てくると思いませんか？

たとえば、所属するコミュニティが1つと3つでは、モテるようになる確率は3倍だと思いますか？

違います。僕の感覚的、経験的な実感としてはつねに2乗になります。

1つのコミュニティよりも、3つのコミュニティのほうが9倍になるのです。科学的な裏づけのある数字じゃありませんよ。でも、現実はそうなるんです。だから全然チャンスがなかった人でも、所属コミュニティを増やせばパートナーがたいてい現れます。だって、行く先々で皆を元気にするんですよ。そんな人がいてくれたら楽しいと思いませんか？　それならアナタが、その人になりましょうよ。

このときに気をつけなければいけないことがあるんですね。所属コミュニティを増やせば必ずチャンスは増えます。でも、アナタ自身が好きになれる人がいる場を先に決めなければいけませんよね。

何人もが「つき合ってください！」と告白してくれたとします、でも、全員がタイプじゃない。こういう人を求めていたんじゃなかった、後になってそう悔やむことにならないよう、前もって避けておきましょう。

アナタが好きになるのは、どんな人ですか？

その人はどんなところにいるでしょう。男らしい人！　というのなら、空手や柔道の道場なんてどうでしょう？　冗談みたいですか？　でもこんなふうに考えてみてください。

その理想の相手が好きになるのは、どんな女性なんでしょうね。

どんなファッションを好むのでしょうね。アナタが理想だと思う人はどんなことに悩んでいるでしょう。どんなふうに励ましてほしいのでしょうか。

どうすればいちばん元気づけてあげられるでしょうか。

準備ができたら、あとはやるだけです！

女の子は努力しだいで報われる

この国でも30年前には、すごーく格好良い男の人でも硬派を気取っていた人は、25歳くらいまで童貞ということがありました。でも今は、格好良い人なら絶対に、そんなことはないんじゃないでしょうか。

格好悪い男の人なら、生涯童貞というケースが逆に増えているようですけどね。

怖い話ですけど、最近は、小学生の女の子が自分から男子を口説《くど》いてセックスまでいっちゃう時代ですもんね。だからちょっとルックスが良い男は早々と女の子たちに口説かれて「オレはモテるんだ」と自信をつけて、早くから〈モテるオーラ〉を身にまとって、一生をモテる男として過ごせる確率が高いですよね。

逆ナンパも珍しくない時代だけに、20歳くらいまでモテなかった人間が、それ以降の人生でモテるようになる確率は非常に低いです。そういう実例はあまり知りません。20

歳までにモテない男の人は一生、挽回するのが非常に難しいです。

だからこそ、そんな男の人が周りにいないか確認することで、アナタのチャンスが急増したりします。ただし、コンプレックスが非常に大きく肥大化している場合には男女ともに、そのコンプレックスを解消しようと、ものすごーい遊び人になることもよくありますので、その点だけは注意が必要になります。アナタの周りに、モテていないかもしれないけど良い人、つき合ってみると魅力的な人で、あまっている男性は少なからずいますよ。

モテる男性は全男性の中の20％です。でも残りの80％の男性も、女性を口説くのが下手なだけで、いっぱい良いところを持っていますよ。

また、消極的になっている女性には、今の価値観をまずは壊《こわ》していただきたいと思います。

南の島では太った女の人が美人になったり、日本や欧米では絶世の美女になっている人がやせっぽっちでまったく相手にされない。そんな現実に即さない話ではありません。日本国内で起きている事実についてのお話です。

僕は風俗業界の現状については精通していると思います。経営およびコンサルテーションを行っているのですから。それには同意していただけますか？

つまり、日本の男性がどんな女性に対して〈お金を払う価値がある〉と思っているかというデータを持っていることについても同意していただけますよね。

太っている女性に魅力を感じない。これは多くの男性にとっては残念ながら事実でしょうね。でも、太っているから絶対に誰からも相手にされないのでしょうか。

こういう言葉は適切ではないかもしれませんが「デブ専」というカテゴリーがあります。「デブ専門」の略ですね。こういうタイプの風俗店舗があります。

そういう店では契約体重があったりします。たとえば80キロ以下の女性は勤務できないなどという制約です。お客様は、それを信じて遊びに来るわけです。

そうなると、なかには疑り深い、厳しいお客様もいたりします。体重計を用意していて量らせてチェックしたりするのです。そこで万が一、70キロの女の子がいようものなら大クレームです。「ふざけんな！　こんな痩せたのよこしやがって！　ナメてんのか！」となるわけです。

太っていると魅力がない。そんな常識の反対側の価値観を持っている人がいるのです。

それでは、年齢はハンデになるでしょうか。

たとえば「熟女ヘルス」というカテゴリーがあります。最下限で30歳、上は50歳近い女性が働いているというスタイルの店です。

この店は大盛況です。ものすごーく流行《はや》っています。

ところで、誤解が起きているかもしれないことがありますよね。その店にどんな男性が来ているのかということですよね。

デブ専には太った人、熟女ヘルスにはお年寄りがやってくるのではないか？　という疑問が湧いているのではないでしょうか。

答えは「他の店と変わらない」ということです。年齢層も様々、10代の男の子が年齢をごまかしてやってきたり、スタイルもガリガリのミュージシャンが来たりします。

彼らは、ルックスや年齢にハンデを負っている女の人を食いものにしようとしているのでしょうか？　それも答えはノーなんですね。

そういうスタイルの店に遊びに行く人たちは本当に、そういう女性が好きなんです。

バツイチ・子持ちはハンデでしょうか？　これも答えはノーです。

ハンデになるときはあります。バツイチ・子持ちという情報を知ったら、激しく熱心に言い寄ってきた男の人が口説くのをやめることはあり得ます。それは事実です。

その代わりに、その情報を知った後でも残った男は結婚前提で、子供をどうやって養うかを真剣に考え始めるのです。

これが現実なんです。だから逆に、ここで残酷な事実をアナタに伝えなければなりません。もしもアナタが恋のチャンスが今までなかったとしたら、それは太っているせいでも年をとったからでもバツイチ・子持ちだからでもありません。

問題は〈アナタ自身〉にあるのです。

アナタは自分のこと好きですか？

誰のことも真剣に好きになれない。これ最近、男女双方からたくさん相談を受ける内容なんですよね。でもこれって、すごく大切な問題を処理し終わっていない典型的な相談なんです。まずアナタは、自分のことが好きですか？　弱い部分もダメな部分もふくめて好きですか？

アナタの中にある弱い部分、ダメな部分を「頑張ったね。偉かったね」とほめて、「これ以上苦しまないでいいよ」と開放してあげてください。

「もうこれ以上とらわれないでいいよ」と手放すことを、自分自身に許可してあげてください。

それができないと大変なことになります。

自分自身を好きになれない、自分ですら許していない部分を自分の中に抱えていると、自分以外の誰かがアナタを「素晴らしい人ですね」とか「魅力的ですね」と言ったとき、どう思いますか？

「ウソつけ！」とか「私のあの部分（自分でも許していない弱点）を知らないからだ」と思いませんか？

そして大きく分けて2つの行動を選択します。

❶自分の影の部分を見抜けない相手を浅薄《せんぱく》な薄っぺらな人間として軽蔑《けいべつ》する。
❷自分の影の部分を隠すことに今まで以上に必死になる。

水商売や風俗に入っている女性は、こういう人が多いんです。ホストをやる男の人の大半も、こういう人なんですけどね。彼女ら、彼らの心は〈恐怖〉に支配されています。本当の裸の自分自身には価値がないんじゃないか？　愛される資格がないんじゃないか？　そういう〈恐怖〉です。

でも誰だって、自分には価値がないとか、愛される資格がないと思うと、苦しいですよね。どんな手段を講じても否定したいと思いますよね。

実際に、あらゆる手段を使います。人間は心に不安定感が生じると、何よりも最初に、それを安定させなければ次の行動に移れません。「自分には価値があるんだ！」と自分自身に証明しなければいけません。でも、それほど頑張らなければいけないのですから、自分自身を認めてあげることが非常に難しい心理状態にいるのです。だから他人の力を借りなければいけなくなるんですね。

強く追いつめられている人にとっては、相手がただ、「ありのままの自分を受け入れてくれる」というだけでは足りないんです。

愛情を適切な形で受け入れた経験がないので、素直に受け入れてくれるだけでは説得力を感じないのです。だから「おカネを貢がせる」という目に見える形で納得したりします。

風俗に入る子の場合には、「自分の体にはカネを払うほどの価値がある」という事実を見て、自分を納得させたりします。こういうプロセスで働く子がいっぱいいます。巨乳の女の子は子供の頃に胸が大きいせいですごく傷つく経験をしたりします。風俗では、その胸を子供のように求めてくるお客さんの反応を見て、「傷が癒《い》えた」という子がいっぱいいます。まぁ、その先に、胸しか見ないことに改めて傷ついたりするプロセスがやってくる子も中にはいますけど。

風俗ではもちろん、経済事情により仕方なく働いている子がいっぱいいます。でも全然そうじゃないケースも山ほどあるんです。援助交際などで、本当は経済的に困っていないケースの場合には例外なく、これですね。本人が気がついているかどうかはまったく関係ありません。

援助交際では、誰からも強制されずに、自分がブランド物が欲しいとか、男友達に相手されるために、彼らにオゴるカネや貢ぐカネを稼ぐために、自ら積極的に援助交際を始める子がいっぱいいます。

男友達を援助する子たちは表面上の意識では、「仲間を助けてあげたい！」という気持ちから始めているると、多くの場合、考えているようです。

でも、その気持ちで助けようとしてくれた女の子に対しては、男友達は感謝する気持ちなどまったく湧かずに、利用する気持ちしか生まれません。

そういう男友達が心から惚《ほ》れて大切にしなければいけないと思うのは、そのときに援助交際をしなかった子だというのは皮肉な現実のデータです。そこまでして助けたのに、「エンコーなんかする女にマジに惚れるわけねーだろ！」とストレートに言われて、傷ついてしまう子もいます。それでも、ゴマかされながら長期間騙されるよりは早めに気づくほうが傷が浅くてすむとは思いますけどね。非常に残酷なことです。

理想のパートナーとの関係は、お互いが、その関係を通じて〈無条件の愛〉を表現する関係に尽きます。これについては、僕も完璧にできているとは言いません。そうでありたいと努力しているだけです。

でも、恋愛関係のみならず、友情でも、相手に利用価値を見出して好きでもないのにつき合っていたら、それは友情とは言えませんよね。友情がある友達同士が助け合うのと、相手を利用しようとして親しげに振舞《ふるま》うのでは、まったく意味が違うのです。

基本的には、ホストやヒモに利用されている子たちの関係は後者です。利用価値があるから親しげに振舞っている姿を見て信じてしまっても、本質的には救われませんよね。

彼女たちは優しさを提供してもらって、自分が価値があると思えるほどチヤホヤしてほしいので、その状態をカネで買っているのです。ホストやヒモは芝居だとはバレないレベルでリアルな芝居をするのです。その演技やストーリーをカネで売っている役者なのです。

これが双方ともに同意の下ならば何の問題も起きません。でもカネを払っている女の人は、それを芝居だと思って買っているのではないのです。ここに問題が生じます。

アナタにいちばん最初にしてほしいことは、自分の中にある弱点をふくめて好きになることを、自分自身に対して許してあげるということです。

その一連のプロセスが自然に自分の中に起きることを、自分自身に対して許可してあげることなんです。

今までどうしても許してあげられずに、今日この瞬間まで持ってきてしまったことがきっとたくさんあるでしょう。でも本当にいちばん苦しんだのは今のアナタではありません。アナタの中にある傷ついた瞬間のアナタ（それは子供のアナタかもしれません）、ですよね。

だから、そのときをもう脱出したのです。アナタは頑張ったのです。あのときのアナタをもう許してあげてください。

こう言う僕自身も、自分の中の許せない自分をずっと責《せ》めていたことがあるんですね。

今の自分自身がどんなに頑張っても、「お前は本当はダメな奴だ！」と証明する証拠のように感じてしまって許せませんでした。そしてずっと戦っていました。

でも、その戦いはうまくいきません。だからやめちゃいました。

今は、〈あの頃の自分〉が愛《いと》しいです。

本当に今の自分があるのは、あの頃の自分が頑張ってくれたからだと思います。

もう一度当時と同じつらい状態が起きたら、もう一度同じように頑張れるかどうかすら正直分かりません。

そんな毎日を、誰も仲間がいない、ひとりぼっちで、何も持たないで小さく弱い自分が頑張ったのですからすごくほめてあげたいです。

そうやって、自分自身を許した瞬間に奇跡が起きました。

他人に力を見せつけなくても、おカネを稼いで証明しなくても、そのままの自分を受け入れてくれる人がいたら、「それを素直に受け入れてもいいんだなぁ」と腑《ふ》に落《お》ちました。

逆に自分を利用しようとして近づいてくる人間の、その動機や底の浅さが感じ取れるようになってきたんですよね。

アナタが自分を許せたら、アナタを利用しようと近づいてくる人たちの底の浅さが見えるようになると信じています。

アナタがどんなにつらくても、本質的な意味ではアナタの満たされない感覚を満たしてくれる別の存在は現れません。欠けた半分が世界中のどこかにいると信じて、その残りの半分を探すという考え方は非常にロマンティックではあります。しかし、それではアナタは絶対に幸せにはなりません。

アナタがアナタ自身として完結した1つの存在なんです。その完結した価値ある存在だと納得できた瞬間に奇跡が起きます。

それを手伝うことは僕にはできますが、完結させるのはアナタ自身しかできないことです。

相性のいい男はこうして見抜ける

初対面の男性について、「良い男を見抜くチェックポイントってありますか?」というのもよくある質問ですよね。みなさん気になるようです。当然ですけどね。

それより、〈アナタがどんな人を好きなのか〉のほうが、本当ははるかに重要ですけどね。

でも一応の答えはあります。それは〈人の話をよく聞く男〉を選べばうまくいきます。

聞いているフリはダメですよ。それから「ありがとう」と「ごめんなさい」を言える人ですね。それに加えるなら家族を大切にしている人。

よく結婚相手を選ぶときに、彼が両親を大切にしているのを見て「マザコンじゃないか？」なんて見当違いな相談をしてくる人っているんですね。

でも血がつながった家族を大切にしていないのでは、血がつながっていないアナタはいつまで大切にしてもらえるんでしょうね？

だからお願いです。〈コントロールしやすいかどうか〉という視点で、彼を見ないでください。

男の人はハンターなので、何かの目的を達するためにコミュニケーションをしてしまいます。それは自然な反応かもしれませんが、そのターゲットが「アナタとの関係をより良く保とう！」という関係づくりを目的に設定されている人ならうまくいきます。

女性は、関係を良好に保つためにコミュニケーションをするように自然になっていますよね。男の人は意識的に設定しないと、そうはならないのです。周りの人との関係づくりをして相手の話を受け入れる人は、最初の第1関門はクリアしているかもしれませんね。

でも目標を設定して、それを確実に達成する能力を持っている相手を選ぶことも大切ですよ。そのパートナーの目標の達成をサポートする形でパートナーと関われるのが理想的な関係ですね。

たとえば、会社を成功させたいと思っている男性とつき合っているとします。アナタは彼が会社経営に成功するようにサポートすると、関係はうまくいきます。でも、彼の目標の達成を妨げると関係は絶対にうまくいきません。

それともう1つ重要なのは、サポートすることが重要なので、アナタ自身が経営者にはならないでください。彼の目標を彼自身が解決する、それを手伝うことが重要なのです。アナタ自身が解決しないでください。

偏見のように思われるかもしれませんが、僕は男性を選ぶときにフリーターのような人を選ぶことは勧めません。目標を設定して獲得する能力に、決定的に欠けている男の人が多いからです。自分の人生の目標設定自体がうまくできない、決められない男の人が多いからです。

本当の〈自分らしさ〉を選択する人もすごく少ないですが、フリーターの中の一部にはいるかもしれません。そして現実に目標を手にする人も中にはいるかもしれません。ごく少ないとは思いますけどね。でもフリーターの多くは、大した努力もしないで、夢物語を「自分にも出来るのではないか」と、幻想を抱いていますよね。

そばで見ていても分かりますよね。目標を奇跡的に達成した人たちが具体的に行った努力を、ほとんどのフリーターってまったくやらないんですよ。

自由を追いかける代償を支払う準備がまったくできていません。言い訳ばかりの人が大半です。
そんな人が成功する確率は低いですよね。だからアナタが、そんな相手をサポートすることはできません。現実逃避している人間のセリフを信じてサポートしても、結局はヒモやヒモ予備軍を生み出すだけです。この問題で苦しんでいる女性が日本中にたくさんいます。

自分らしさを追求して夢を手にできた、ごく少数の人には、実は特徴、共通点があります。それは普通の社会にいてもかなりの結果を出せた人だったということです。

一般の社会から〈言い訳〉をして逃げた人ではないのです。

夢を叶《かな》えて〈自分らしさ〉を手に入れるのは、普通の社会で真面目《まじめ》にコツコツやっている人よりもはるかに、好きなことに対しては真面目にコツコツ努力しています。誰からも管理されないのに自己管理をしっかり行って、夢に向かって一歩ずつ毎日進んでいます。それは管理されているよりもはるかに大変なことなんです。

だからパートナーが言い訳傾向があったり、口はうまいが実行が伴っていないと感じたら、今すぐに別れることをお勧めします。

ここでちょっと参考の情報をお伝えしたいと思います。

ホームレスについて、先日ある社長から面白いお話を聞きました。

「ホームレスは、木の実がある山の中に住んで食べ物を調達しながら生きれば、一生困らないじゃないか。なぜ、それをしないと思う?」と問題を出されました。

それが学術的には正解かは分かりません。でもその答えになるほど！　面白いなぁと思いました。

ある種のホームレスは「親の育て方が悪かったから、俺はこんな境遇になったんだ！」と社会に怨《うら》みを持っていて、社会に復讐するために、わざと他の人間の目に触れる必要があるとのことでした。社会というよりも、具体的には親ですよね。目の前にいるかいないかにかかわらず。

フリーターで定職につかない人でも、同じような無意識の動機、両親への復讐で経済基盤を安定させない人がいるように見えます。

そんな彼だと、「夢を追いかけている」というのは、残念ですが、単なる言い訳なんです。

誰もが自分自身にとっては特別な存在

先日、ある国際的なコンサルタントのお話を聞く機会に恵まれました。彼は一流ブランドメーカーの指導のために来日していました。

彼はコンサルタントになる前には、世界中に支店を持つ会社の創業メンバーだったというキャリアを持っています。

だから世界中を回っての指導経験を持っています。でも、様々な国には様々な文化がありますよね。1つの出来事を見ても、ある国では良いこと、ある国では悪いことというように解釈が変わるという事態が必ず起きますよね。

だから、「話を理解してくれない事態が起きないですか？ そんなときはどうするんですか？」と彼に質問をした人がいたんですね。

その回答が名回答でした。「それは簡単です！ 問題は起きません！」「私はアナタを愛しています！」「アナタは私にとって特別な存在です！」

それが伝わっていれば、問題は起きないというんですね。それさえ伝わっていれば、誤解が生じても必ず話し合う余地があるというんです。言われてみれば、その通りですよね。

「この人はまだ、この国の文化を理解していないからこんな行動をしているんだ」と思えば、怒るよりも、「この人が他で間違わないように前もって教えておいてあげよう」という気持ちが先に立ちますよね。

誰でも毎日、いろいろな人に接しますよね。その全員に共通点があります。それは〈その人たち自身にとっては、その人自身は絶対に特別なかけがえのない存在だ〉ということです。でも「その他大勢」としてコミュニケーションしてしまうこと、ありませんか？

僕自身だって今でもよくあります。

でも絶対に、その人にとって、その人は世界中でいちばん大切な特別な存在なんです。

ここでNLPというジャンルの世界的な大物の1人、ロバート・ディルツさんのセミナーで教えていただいた話も付け加えたいと思います。

アフリカの多くの地域では挨拶《あいさつ》の語源、つまり「おはよう」とか「こんにちは」の類《たぐい》ですね、それは「私はアナタを見ている」というものだそうです。

「アナタを見守っているよ。アナタは独《ひと》りではないよ」、そういう意味だそうです。

すべての人に、こうやって接することが出来るとよいですね。

僕も、それを目指しています。アナタにも助けてもらえるとうれしいです。

アナタはおカネが欲しいですか？

僕はおカネが大好きです。でも、これは正確な表現ではないんですね。

アナタは、おカネが欲しいですか？　イエスだとしたら、それはウソです。

アナタはおカネではなくて、〈おカネを持つことによって得られる気持ち〉が欲しいのです。

ニューエイジや心理学などの分野では、何年も前から言い尽くされていることですけどね。

ブランド物が欲しいとき、それはブランド物が欲しいのではありません。もしも無人島に流されて誰も他の人がいなかったら、それでもブランド物が欲しいですか？

絶対に欲しくないはずです。でも無人島にいるわけじゃないから！　って声が聞こえてきそうです。そうですね。ではなぜブランド物が欲しいのでしょうか？

それはブランド物を持つことで他人の目が変わるからですよね。それによってアナタの虚栄心《きょえいしん》が満たされる。威張れる、誇らしい、気持ちがよい。

それならアナタは、ブランド物を持たなくても、そんな気持ちになれるのなら他のことでもいいいんじゃないですか？

ある種のトリは、子作りをする相手を選ぶのに巣の豪華さで選ぶそうです。

そうなると、そのトリにはモラルが全然なくなってきます。他のトリから巣を盗んだり、他のトリの巣を壊したりします。どうも生物には、その生物自体の能力以外の要素が異性からの評価基準になっていくと、必ず共通して、モラルが低下する傾向があるようです。男の目を引くためならば手段を選ばない。こうなってしまうのです。

逆も多いですよ。女の目を引くためならば手段を選ばない男だって山ほどいます。

こうやってモラル感がなくなってしまっている人は多いですよね。

僕もおカネは大好きなんですが、成長の機会が得られたり、いろいろ面白いことが出来ますよね、それも誰も被害者が出ないやり方で。その使い方をする限りにおいては好きなんですね。おカネをそうやって遣《つか》っている人が好きなんです。おカネを被害者が生まれる形で遣ったり、おカネを遣って被害者になってしまう人は嫌いなんです。

自分が求めているのは〈どんな気持ち〉になることなのかを最初に考えてましょう。そうでないと、手に入れてから間違いに気づくことって多いようですね。

その欲しい気持ちになれるのなら、おカネをふくめて道具を使わない方法を知っているほうが、幸せになれることが多いのではないでしょうか

おカネや道具に執拗《しつよう》にこだわっている人って結局、そのおカネや道具を手に入れても全然幸せになっていないようです。

愛情は注いだ分の2乗倍で返ってくる

アナタは愛情を表現するのに、どんなときに、どんな相手に表現していますか？

誰かがアナタにとってふさわしい行動をして、アナタが満足すれば、相手に優しくしたりするのでしょうか？

誰かが何かをしてくれる→アナタが納得する→アナタの中に満足感がひろがる→相手に愛情を表現する

こんな感じでいいですか？

こういう順番だとしたら、嫌なことが続いたらアナタはとてもストレスが溜まるでしょうね。

自分に愛される価値がないと悩んでいる人から僕が相談を受けたとしましょう。僕はどうやったら愛されるかという〈巧妙な戦略〉を教えるでしょうか？

答えはＮＯです。

多くの場合に僕は、「犬と猫どっちが好きですか？」と尋ねます。そして「飼えるところに住んでいますか？」と尋ねます。「フェレットかハムスターなら飼えますか？」と続けます。

そして時間があればペットショップにでも連れて行きます。責任が取れるか分からないのですぐに飼わせるかどうかは状況によりますが、ペットショップに行くとたいていの人が「可愛いー」という動物が１つくらいは見つかります。１頭とか言わないと怒られちゃうのかな？　１人って言わないとダメだったりして。

ペットショップに行く→自分の中に「可愛い」という気持ちが芽生える→
それから会う人には優しく接することが出来る→いい事が起きる確率が上がる

どうもこっちの戦略のほうがよくないですか？

ペットが良いのはアナタを騙さないからです。アナタが現時点では〈アナタを騙す相手を好きになる回路〉が入っている場合には、そのまま放っておくと、より大きく騙される可能性が高まるからです。だから今のますぐに恋愛を始めるのはお勧めしません。

数値の計測はできませんが、経験則からくる実感値として、愛情は適切な相手に注ぐと2乗になって返ってきます。2注ぐと、2の2乗＝4、愛情は返ってきます。

3注ぐと2乗の9、返ってきます。しかし悪い相手を選んでしまうと、2乗の速度で騙されていきます。アナタのエネルギーを奪われてしまいます。

また、ここで気をつけてほしいポイントがあります。

武道やスポーツのトレーニングでは〈ダメなトレーニング〉と〈下手《へた》なトレーニング〉があるんですね。この差が分かりますか？

〈下手なトレーニング〉は、本質的に大切なものはふくまれているんだけど、まだ上手に出来ない状態です。これは丁寧に繰り返していけば、いずれは上手になります。

一方、〈ダメなトレーニング〉は、どんなに一生懸命毎日欠かさずやっても、やればやるほどアナタをダメにしていきます。無理がたたって健康を損なうかもしれません。骨格もゆがんでスタイルも崩れるかもしれません。そうなるとストレスで精神的にも参るでしょう。〈ダメなトレーニング〉ならやらないほうがマシなのです。

だから恋愛も、恋愛が始まってから一生懸命に関係をつくろうとするよりも、良い相手を選ぶことにこそ、いちばん丁寧に心を砕《くだ》いて時間をかけるべきなのです。

不器用だけど誠実な相手なら、丁寧にコミュニケーションを重ねていけば、幸せにつながっていくかもしれません。

でもダメな相手を選んでしまったら、どんなに一生懸命アナタが尽くしても、幸せになれるわけはないのです。

V章

魅力的な女性になるには

まずは「魅力的になる」と決めてください

〈魅力的になる〉とは、正確には、〈すでに持っている魅力に気づく〉と言ったほうがよいかもしれません。

少なくとも、この世界のどこかにいる誰かにとっては。

今までアナタがハンデだと思っていたことが実はハンデではなく、アナタが言い訳に使ってきただけだと理解していただけたでしょうか。そして本当は、言い訳はほとんどウソだと分かっていただけたでしょうか。

魅力的というのも、誰かと比較してという意味ではありません。ちょっとここで考えてください。

日本は今、人口が1億2~3000万人くらいいるんでしたっけ？　その中の約半分が男性だとします。その約6000万人の中で、アナタが魅力を感じる人って、何人くらいいるでしょうね。

10万人くらいはいるんじゃないでしょうか？　その中には、アナタがいろいろな我慢をしなくても、虐待を受けないですむ相手がいるんじゃないでしょうか。

アナタのことを魅力的だと感じてくれる人も、日本だけでも本当はかなりの数がいそうですよね。絶対にアナタじゃないとダメという相手も、その中には数十人はいるんじゃないでしょうか？

少なくとも、アナタが直接顔を合わせて相手を励まし、〈自分自身を価値ある存在だと信じられる〉ように手伝ってあげたとしたならば。

そこから恋が始まりそうな相手が、本当は数十人いるということです。

その中には、アナタが今までパートナーとしてきた喧嘩をしないですむような相手もいるんじゃないでしょうか？

たとえ考え方が違っても、お互いを尊重して、「俺はこう考えているんだ。お前の考えも面白いよね。非常に興味深いね。すぐには俺には理解できないかもしれないけど、お互い歩み寄って新しい考え方を試してみないか？」と言ってくれる人って、いるんじゃないでしょうか？

いるんです、絶対に。

たとえ感情的になったときでも暴力を振るわない人って、いるんじゃないでしょうか？

必ずいるんです。

そしてその中には、アナタがおカネを渡そうとしても、「ふざけるな！　俺はお前自身が好きなんだ。カネなんか持って来るな！　こんなものがなくても気持ちは少しも変わらないから」と言ってくれる人って、いるんじゃないでしょうか？

もう絶対に、必ずいるんです！

会うたびに「お前はブスだなぁ」とか、「デブ！ 痩《や》せろよ！」などというセリフを言い続けられるのは悲しくないですか？ 本当は傷ついているくせに平気なフリをして、表面的には笑ってごまかす毎日は悲しくないですか？

そんなふうに、心の中では大きく傷つくことを耐えないですむ相手がいるとは思いませんか？

もう絶対に絶対に、絶対にいるんです。

必ず見つかります。アナタが今の虐待の中から飛び出して、新しい出会いを探す決意さえすれば。

そのひとりぼっちの旅はしばらく続くかもしれません。一時的には寂しいかもしれません。でもアナタがまず最初に身につけなければいけないのは、しばらく話し相手がいなくても、しばらくセックスの相手がいなくても、〈自分自身と一緒にいてあげること〉なんです。たとえひとりぼっちでも、〈アナタ自身が価値ある存在だと充分に感じ取ること〉なんですよね。

自分自身の価値を確認するのに、誰かを道具として使っているからアナタは傷つくんです。我慢しなければならない毎日を過ごしているのです。

ここまで理解してもらえたら、次にしてもらいたいことは〈お洒落〉です。

性差別と受け取られてしまうと非常に寂しいのですが……。

僕は女性が魅力的になってくれて、その女性たちが男の人を元気にしてくれる、という仕事の現場に毎日、関わっているわけです。

また成長している会社をお手伝いさせていただくと、多くの会社は、たとえ上場している企業でも、女性を雇用する本音の一番の理由は〈男性社員の士気を高めるため〉だったりします。

女性の数が多い会社でなければ、女性の実務能力だけを見て雇用することは現実にはほとんどないと思います。こう言うと差別的と思われるかもしれないですが、実態は違うんです。特にベンチャーで、創業社長が人事に口をはさむ場合には。

女性が魅力的にしていると男性は頑張っちゃうんです。ここで誤解をする女性が数多くいます。職場にモデルや女優みたいな人がいるとしますよね。「その人だけが元気の源になるのではないか？」と思っていませんか？

それが、そもそも誤解だと言っているわけです。

アナタはアナタのポテンシャルの範囲内で、ちゃんと毎日綺麗《きれい》にしてますか？

おカネをかけなくても出来る範囲だけは、しっかりやってくれてますか？

僕は水商売や風俗で、どんな女の子が売れるかを見て知っています。

売れるというのは、カネを払ってまで、その子の〈魅力〉に触れたいということです。そうすると、売れる子は、お客から見えないところでも〈女〉なんですよね。売れない子は反対に、お客に見られていないときには、オバサンになったり、男になったりします。年齢の問題ではないですよ。年をとってもオバサンにならない女性はいますから。

性格の良し悪しの話はしていません。ここで誤解されがちなんですけど、性格が悪くても〈おんなおんな〉していれば売れます。

すごく良い子でも、サバサバした性格の良い〈男〉になっちゃうと、彼女が売れるのは難しいです。

女性には「女性らしくしてほしい」と男の人は思っています。女の人は、そういう女性のことを嫌いだったりしますよね。

でも、その価値観そのものを変えてください。その感情は、嫉妬《しっと》などの〈アナタの側の危機感〉からくるものでしょう? それは余裕のなさ、自信のなさからくるものですよね。

本質的には相手の問題ではなく、それはアナタの問題ですよね。

アナタが女らしくしないとしたら、アナタ自身が〈信用できないと感じる空気〉を出す人間にならないようにしている。同性に疑われることを恐れているんですよね。

これは多くの場合には、すごく効果的ですよね。良い結果が得られる面が多いと思います。

でもこれって、受け取る側の危機感からくる問題ですから、本質的には表現するほうが悪いんじゃないですよね。

僕は女の子同士の対立が起きないように組織づくりを行ったり、その指導をしているのでよく分かります。〈コンプレックス〉がいちばん強い女がいちばん騒ぎます。そいつはどんなにシステムを改善しても騒ぐんです。

極端に言えば、上司にお茶を出すＯＬにもケチをつけます。〈関係づくり〉に気持ちが向かって、周囲を和《なご》やかにするのが女性の本来の才能なんです。べつに、配慮が出来る女性はゴマをすっているのではありません。

自分が過ごす空間が穏やかな雰囲気であってほしい、そう望むのは自然なことです。その雰囲気づくりのために、お茶を入れるのが効果的なのか、他の行為が効果的なのか察する能力は、男は女の足元にも及びません。みんなが和やかになる空気をつくり出すことに気持ちが向かうのは、女性として自然なことなのです。

それにも目くじらを立てる女性って、本能が鈍っていますよね。当然、人間関係もうまくいきません。モテるわけもありません。

女性らしさの表現を避ける人って、雑で、優しさもなくなっているようなケース多いです。アナタの職場でも同じではありませんか？

もしもアナタが「サバサバしている」という女性からの評価を受けたとします。でもそれは、「アナタは魅力がないから安心だ！」って意味ですよね。

それは人間的に信用できるから安心しているのではなく、「魅力がないから私の男を盗れないだろう」と言っているだけですよ。

アナタが誰かを信用するときも、そういうケースが多いんじゃないですか？

そういうごまかしはもうやめません？

アナタが理想とする恋愛を獲得するのには、お洒落をしっかりしたほうが成功できる確率が高くなると思いませんか？

派手にケバくしてほしいと言っているんじゃないですよ。アナタの魅力、内面を、男の人が理解しやすい、受け止めやすいようにしてほしいとお願いしているのです。男は馬鹿で単純で鈍いので。

女性は、その鈍さにはもう気づいているでしょう？

だから目に見えるように、形から入ったほうが男には理解しやすいのです。

男は咀嚼《そしゃく》能力が低いので、能力の高い女性のほうが妥協してくれませんか？　という提案なのです。

優しい言葉を話してください

〈言霊《ことだま》〉って聞いたことありますか？　女性のほうが、こういうのは強いですよね。「言葉には魂《たましい》が宿る」ということです。

Ｏ‐リングって聞いたことありますか？　ニューヨーク心臓病研究所所長・大村恵昭氏が創案したもので、「生体自らをセンサーとして、生体内の情報を指の筋力変化から検出する診断方法」だそうです。難しいですね（笑）。

よくあるのは、親指と人差し指で円を作って、それを開いてもらう力の状態をチェックします。タバコなど体に悪いものだと力が入らなくなったりします。けっこう面白い実験なので、興味がある人はインターネットで検索すれば、たくさんの情報がわかりますよ。

ここでお伝えしたいのは言葉についてです。どんな言葉を遣《つか》うと体にどんな影響があるか、ということです。

「イエス！」というのと「ノー！」というのでは、それだけで全然、力の入り方が変わります。

「できる！」というのと「できない！　だめだ！」というのでも、力の入り方が全然変わってしまいます。ニューエイジでも経営関係でも、様々な本で紹介されているので知っている人も多いかもしれませんね。

そこで気づいてほしいのですが、最近若い子は「バカじゃん！」など、雑だったり、優しさを感じない言葉を安易に遣っているようです。街中でもよく耳にします。

まぁ、大半は悪気はないんですけどね。でも悪気がないのなら、どうせだったら気持ちの良いセリフを選択しませんか？　どんな解釈をしても悪意に受け取られない、楽しいセリフを話しましょう。

雑な言葉を遣っている人とつき合っている人は可哀想ですね。頑張ろうと思っても、努力をしても、エネルギーを奪い取られてしまいます。

これではパートナーに成功できる潜在能力があっても、その力は発揮できないでしょうね。

でも、もっと大変なことが起きています。そう言っているアナタ自身が、自分からエネルギーを奪っています。運気を奪っています。

関西では会話の中で、「うそー!?」とか「うそやろ？」という言葉遣いをする人が多いです。僕も子供のころは関西で過ごしたので、そんな言葉遣いをしていた時期がありました。

でも結果を出している商人《あきんど》は、そんな言い方しない人が多いですね。同じ意味でも、

「ホンマ?」と言います。「うそ」と「ホンマ」の間にはかなりのパワーの差があるようです。相手に悪意で受け止められないという以上に、自分自身にパワーを与える言葉遣いがあるようです。

アナタ自身のパワーやエネルギーのためにも、言葉遣いには絶対に気をつけてください。

そしてもしも、愛している人や、おつき合いしている人が既にいるのなら、その相手に対しての一番大きなプレゼントの1つは、いつもパワーを与える言葉で話してあげることですよ。前の章で紹介した『水からの伝言』という本でも、相手の水の分子を壊すのも、綺麗に組み立てるのも言葉ひとつなのですから。

アナタの優しさは誰のためですか?

僕は去年、フロリダで「ドルフィン・スイム」を体験したんですね。野生のイルカと一緒に泳ぐ。癒《いや》し効果もあるのでブームになっていて、ツアーもいっぱい組まれてますよね。

僕の友人の小笠原徹さんや、イルカやマナティ、ジュゴンを撮っているカメラマン・久保秀臣さんがやっているプログラムに参加させていただきました。自閉症の子供が回復していく理由を、超音波とか訳の分からないことを言わないので、非常に良心的で質が高いと思ったからです。このドルフィン・スイムになぜ癒《いや》し効果があるかという理論を知ると、人とのコミュニケーションや自分自身を見つめるのにすごく役立ちます。

これはイルカに限らず、犬などを通じての癒しも共通です。ここでお話しすることは、イルカとバイオフィリアに関しては、小笠原さんの受け売りでしかないことをお断りしておきます。コミュニケーションの応用の解釈は後藤よしのりの責任なので、解釈の間違いがもしも生じていたとしてもすべて後藤に問題があると思ってください。

さて、その鍵は「バイオフィリア」にあります。バイオフィリアの概念は、社会生物学の祖であるハーバード大学のエドワード・ウィルソン博士によって提唱されました。「バイオ」は「生命」、「フィリア」は「愛」という意味のギリシャ語です。「生きることへの愛」「生きるものへの愛」という意味です。

博士の仮説では、バイオフィリアは教育されるものではなく、遺伝するものである、とされています。人間が進化の過程で生きていくための戦略としてバイオフィリアをDNAの情報に刻み込んだ、というのです。すべての人が、生まれながらにして「生命への愛」を持っているということです。

すべての感情は、体の中の化学反応を引き起します。怒ったときには怒ったときの、笑ったときには笑ったときの変化があり、そのときに自分の内面に起きることにはかなりの差があるように感じるのではないでしょうか。

愛を感じたとき、脳は「エンドルフィン」というホルモンを分泌《ぶんぴつ》します。すると人は愛情に満ちた幸福感を味わい、脳はα《アルファ》波の状態になります。このとき、左右の脳が同じ波長でリラックスしているので、脳が最も効率的にはたらく状態になります。さらに免疫機能が活性化し、本来、人間が持つ自己治癒力《じこちゆりょく》が高まります。

愛を感じたときには、自分自身が、自分の内面で、自分自身の修理をしている状態になります。

心と体を修理していくのです。だからドルフィン・スイムでイルカと泳いだり、犬を可愛がったりするのが効果的なのです。

自分自身が何かに愛を感じたら、そのときには自分の内面では、自分の心と体を癒し始めているわけです。

愛は、他人のためとか何かのためのように思っているかもしれませんが、自分自身の心の癒しや体の癒しのためにいちばん大切で、必要なのです。

この考え方は女性には伝わりやすいようです。しかし、男の人や、女性でも若い世代には伝わりにくい人たちがいます。

愛を自分が先に発信したら損をするとか、愛は誰かがまず最初に自分に対してくれてから、その代償として相手にもあげる。それも自分の機嫌の良いときにあげる（かもしれない）なんて、ここまでズレてしまった人たちは非常に不幸ですね。すごくストレスが溜まっています。女性でも、キャッチセールスなどの詐欺商法をやっている人たちに、このワナにはまっている人が多いようです。「カネだけが誠意の証拠！　私を認めているならまずカネを払って！」、こう考える人が最近増えてきました。こういう人は絶対に幸せになりません。保証します。こういう人は不幸になります。

愛がないとき、特に詐欺をやっているような人たちの脳では、アドレナリンが常時、強烈に分泌されています。アドレナリン自体は必要なときももちろんあるのですが、戦闘状態だと思ってください。

アドレナリンが分泌されているさいちゅうは、これが野生での出来事ならば、生命の危機という状況です。自分の心も体も治している余裕はありません。だから、そのときには戦闘状態にいて、「勝つため、もしくは逃げて、その場から離れて安全を確保する」ことに心と体が集中してはたらくようになります。

その戦いが続いている限りは、心も体も癒している余裕はないのです。

だから人を騙して利用して生活している人たちは、自分の心と体を修理する時間を自分に提供してあげることができません。

苦しさを紛《まぎ》らわせる活動として、飲みに行ったり、セックスをしたりして、一時的なごまかしを続けています。

しかし、それでは根本的な解決にならないのです。それがホストの店に飲みに行ったりする客や、ヒモに尽くす女の人が、絶対に幸せになれない理由でもあります。その考え方を手放さなければね。

愛は、人間の健康の原点なのです。それが他の生命と調和しながら進化し、生きぬいてきた人間がとった最良の戦略だったのです。私たちは生まれながらにして、優れたメインテナンス機能を持っています。自然から離れ、自然界とはまったく違う動きをする今の人間には、それが見えないかもしれませんが、確実に持っている能力なのです。

病室に植物を置く場合と置かない場合で、入院患者の治癒力に大きな差が出るという研究結果がアメリカで出ています。ケガでも、内臓の病気でも、精神的な病気でも、すべての患者が、植物がある病室のほうが回復が早いそうです。

動物に対して「好き」という感情を持っても、たとえば野生のトラと出会ったとすれば、とてもエンドルフィン系の喜びは味わえないでしょう。覚醒作用のアドレナリンが出てしまいます。ところが、たとえトラであっても、なんらかの信頼できる出来事、なんらかのコミュニケーションが築けたとすれば、結果は違ったものになります。

イルカは海の生態系でトップに位置するとても強い動物です。しかし、客観的に考えて、ヒトが危険を感じることなく、愛情を持つ資質を持っています。彼らはその美しさ、優しさ、高い知性とコミュニケーション能力、好奇心、ユーモア、遊び心、すべてを兼ね備えて、ヒトの心をとらえて離しません。見るだけでも「好き」という感情を起こさせてくれるイルカと、水の中でお互いに目を合わせながら一緒に泳げば、誰でも深い愛を抱かずにはいられないでしょう。そこにはお互いの〈認知〉と〈信頼〉があるからです。その感動は、幸福感と愛、そして自然との一体感を与えてくれます。その感情が、バイオフィリアの原点なのです。

アドレナリンの恋愛はSMの快楽

〈アドレナリン状態〉と〈エンドルフィン状態〉。恋愛って、普通は気持ちがよいものですよね。エンドルフィン状態が持続するのが、〈本来の恋愛〉ではないでしょうか。だから、恋愛自体が本来は、癒しの効果を持っているとは言えないでしょうか。

ところが世の中を見ると、アドレナリン状態の恋愛をしている子が多くありませんか？

不安な状態が多いのが恋愛だと勘違いしている、とでも言えばよいのでしょうか。

ときめいてドキドキするというよりも、不安な危険信号のドキドキを求めている、と言えば伝わるでしょうか。

この感覚自体を錯覚してしまうから恋が生まれる、と主張する人もいるようですよね。

でも本当は、その差は多くの人にとって、冷静になれば区別できると思います。不幸になる恋愛ばかりしていた人でも、一度正確に区別することを覚えたら元には戻らない確率が高いです。

彼らは現状では、本来はアドレナリンが分泌しなきゃいけない相手にエンドルフィンが出てしまっているんじゃないでしょうか。野生動物なら死につながります。こんな習性がある動物は自然淘汰《とうた》されるので、DNAは残りません。でも人間には少なくないですよね。

正常に体が機能していれば、警戒しなきゃいけない相手を前にするとアドレナリンが出るので、好きにはなりませんよね。でも機能が狂っていると、正常にホルモンが分泌されなくて、ヤバい相手を好きになる状態が続きます。

第Ⅲ章で触れたように、美術館に行って名画を見たり、コンサートに出かけて生の演奏を聴いたりっていうのは、アドレナリン状態から自分を解放して、エンドルフィン状態にしてあげることにもつながります。そういう癒しの時間をなるべく自分に許してあげてください。

それは、悪い男には引っかからなくなると同時に、アナタに余裕と魅力を生みます。アナタのその余裕と魅力は、相手の中にエンドルフィン状態の時間を増やしてあげる武器になります。

肩書きにこだわらない女性が増えてます

僕の懐刀で『合コン最強システム』って著書まである合コンの達人、野田慶輔が面白い話を教えてくれました（僕は合コン経験が皆無ですから）。

有名な会社のＯＬさんとの合コンでは、その男の人がどういう人間であるかということよりも、肩書きを気にするとのことです。２００２年現在で25歳以上に、その傾向は強いとのこと。

会話も表面的で、「この前、あの有名人とゴルフに行って」なんて、自慢話の話題を非常に好むそうです。

今は就職難でもあるので、必死で獲得した一流企業のＯＬという肩書き、権威を認めてほしいのでしょうかね。また、社会的に知名度のある人物と知り合いだと喧伝《けんでん》したがりますけど、それで本当に彼女たちは幸せなのでしょうか？　権威と肩書きで、自分の存在を確認しなきゃいけない自分に、虚《むな》しくならないでしょうか。

逆にヘッドハンティングをされるような人って、男女ともに、そういうこと自慢しない人が多いんですよね。今、在籍している会社に忠誠心がないわけじゃないですよ。その会社に対する忠誠心や愛着を持たなければ、そもそも優秀な人材は、その会社を選んでませんから。

自分で会社を選べる優秀な人は、忠誠心を当然のようにプライド高く持っています。しかし、その会社の単なる一構成員だということを自慢しませんね。

お役人は残念ですけど、中枢部の人でも自慢する人、いますけどね。

さらに、そのお役所の人間以外の人たちを「彼ら」って呼び方してます。

話は横道にそれましたが、自分を確立して自由になるために、一流会社に入って婚期まで遅らせて頑張ってきたようなＯＬさんは、肩書きによって縛《しば》られてますね。

相手の肩書きや自分の肩書きによって、〈自分という存在の価値〉を確認しようとする。肩書きは人間性や性格とはなんら関係ないのに。

自由になるために様々なことを我慢して、欲望を捨てて頑張ってきたのに、結果的にものすごく自由を失っています。全然幸せになっていませんよね。意固地《いこじ》な人が増えています。

でも最近は、逆の人もすごく増えています。反動なんでしょうかね。

エコツアーなんかに行くと、主催している人はエリートの肩書きを捨てて飛び込んだりしてます。結果的にもっと自由になって、経済的にも豊かになったりしてます。

女性も今、価値観がすごく多様化して、肩書きではない選択を積極的にするようになっていますよね。

その結果、まだ肩書きを捨てることに慣れていないので、本質を見抜けないで被害者になる人もいます。その結果、ホストやヒモを養うという選択肢を、〈自由〉だと勘違いしている人も増えています。今までの価値観を捨てるというレベルから先に進めなくなって、自由をまったく奪われてしまっている人もいるけれど、これも過渡期だと思います。落ち着いて幸せな人が増えるとよいですね。

ちなみに、ホストやヒモについて、コンサルテーションなどで関わる経営者の方と話すと、最近では、「いいんじゃないの？　彼らも仕事だからね」という人も増えてきました。

そういう人に必ずする質問があるのです。「それでは彼らと一緒に喧嘩に行けますか？　戦争に行けますか？」と尋ねると、100％が「絶対にNO！」と言います。「口先だけで女を食いものにしているのに、一緒に殺し合いの場に出たら自分だけ逃げるかもしれないし、背後から俺が撃たれるかもしれない、いつ裏切られるか分からない」

本当は分かっているんですよね。物わかりの良いフリをしている人に尋ねてみると、面白いですよね。

自由な視点や開かれた価値観は、他人の評価に縛られないという意味ではすごくいいですよね。でも、この考えをエリート否定だと誤解する人は、「勉強する人間がいなくなる」と思い込んじゃいます。

でも、それも全然違います。勉強というジャンルに入っていく人間が、肩書きではなく、その立場でなければできない仕事が本気で好きなので勉強して目指す、そんな社会になると思います。エリートの不正って、すごく努力してエリートになったのに、もっと儲けている人間を見て悔しいから起きるケースも少なくないんじゃないでしょうか。

そこで先ほどの話とダブりますけど、女性に男の人を選ぶアドバイスさせてください。

自由な選択ができる若い世代の子たちには、すごく大切なアドバイスです。

〈夢を語りながら定職につかない男の人〉、彼らを支えてあげるのは絶対にやめてください。

夢を語ること。それはそれで、たいへん結構なことなんですけど。

〈言葉〉は絶対に信じないでください。〈行動〉だけを見てください。

詐欺師は口だけはうまいんです。それだけで食べているのですから。

もしもアナタの好きになった人が、今はまだ詐欺ではなくても、そこで面倒を見て楽をしてしまうと本物の詐欺になってしまいます。

自分の好きな道を歩いて、それを達成する人には共通点があるのです。例外はありません。ミュージシャンや役者を目指すなどということを口では言っている人間は、今でも山ほどいるでしょう。お笑い芸人を目指していると言っている人間も、アナタの周りに2、3人はいるんじゃないでしょうか。でも、その大半は絶対に成功できません。

本気で努力したとしても、成功できる人は本当にひと握りです。

現実には、アナタの周りのミュージシャン志望、役者志望の人間はほとんど単なるウソつきなのです。

たとえば、プロ・サーファー志望の人間がいたとします。プロ・サーファーとして通用するためには最低限必要な練習量があるはずです。

その練習量をこなしていない人間が、プロ・サーファーになれると思いますか？

当然、１００％無理です。好きなことをやりながら豊かな生活をすることが出来るか、出来ないかと言えば、出来る道はあります。

しかし、それは自分ではまったく努力しているとは感じないで、好きだからプロとして一流になれる練習量を余裕でこなしてしまう。楽しみながらこなしてしまう。誰からも強制されないでも、結果的に人並み外れて誰も追いつけないような努力をこなしてしまう。それほど好きな人間だけが一流になれるのです。

ミュージシャンにも役者にも、その練習量の基準があるはずです。

それをこなしていない人間がプロになれるはずがないのです。そして、それだけではダメなのです。その練習量をこなした上に他人からの評価を受けなければなりません。

センスがなければ努力をしてもやはりダメなんです。

多くのミュージシャン志望、役者志望、芸人志望のウソつきは、この〈評価〉から逃げます。

本気でプロになるつもりならば、実力がないうちでもオーディションを山ほど受けます。受けないとしても、ライブをこなしたり、プロへの道筋を必ずつくります。

他人からの評価にさらされるリスクを必ず負うのです。

その評価から逃げている人間を応援してしまったら、アナタは必ず不幸になります。彼らがウソをついているのはアナタにだけではありません。家族にももちろんウソをついていますし、友人にもウソをついています。そしていちばん問題なのは、自分自身にウソをついているということです。

こういう人間を応援することを、僕は絶対にお勧めしません。こういう人間は何をやってもモノになりません。そして必ず責任を転嫁します。社会や家族や、支えてくれたアナタが悪いのだと、必ず自分以外の人間に責任を負わせようとします。もしも芸人志望の彼が、面白くない、客が笑わないのは「お前のせいだ！」と、アナタを責めたらどう思いますか？

ミュージシャン志望の彼が、すごく歌が下手なのに、客が感動しないのをアナタのせいにしたら、アナタはどう感じますか？

自分で責任を取る人間は、最初から自分の現状を頻繁に確認する習慣を持っています。

その上で、〈自分で責任を負う〉という、いちばん大切な能力を持っています。

客が笑わなければ自分が面白くないことを認め、客が感動しなければ自分の歌がダメなことを認める、そこからしか成長はできないですよね。

逆に言えば、そういう習慣を持っている人間が、ある夢を追いかけて、その夢が破れたとします。でも彼は、たとえ今回は成功できなくても、自分の適性にあった夢が見つかれば、そこからはきっとすごいですよ。一気に昇りつめますよ。

アナタには、そういう人間を支えてあげてほしいと思います。

アナタ自身の幸せのためにも。

Ⅵ章

男と女の素敵な関係

ほのぼのするデートって、どんなデート？

「最近、デートがマンネリ、もっと他のところに連れて行ってほしい」
「だんだん手抜きのデートが目立ってきた。初めはディズニーランドや温泉に連れて行ってくれたのに」

つき合いが長くなるにつれて、必ず出てくるのがこんな不満です。

もしもアナタが彼に対して同じ不満を持っているのなら、アナタから彼への接し方を変えてみてください。

僕は今まで、男性向けに恋愛について数多く本を出させていただいてますが、そちらでは「男だから、お前が直せ！」と言っています。

だから、この本で縁が出来て、そちらに目を通してくださった方は「言っていることが違うじゃない？」と思われるかもしれませんが、そうじゃないんです。

男の人を相手に話をするのと、女の人相手に話をするのでは、当然、話し方、スタンスは変わります。僕の思い込みで一方的に話すのではなく、せっかく本を読んでくださるのならば、必ず〈結果〉を手に入れてほしいからです。

今、アナタは、この本を読んでくれている。アナタのパートナーは、この瞬間に何をしているか分からない。だから僕にとっては、アナタは向上心、向学心あふれる存在だけれども、パートナーはどんな人か分かりませんよね。そう考えると、何を考えているか分からないパートナーよりも、向上心、向学心あふれるアナタが変わったほうが、良い結果が得られる確率が高いんじゃありませんか？

本当はアナタだって、旅行やディズニーランドに連れて行かないのが悪いと思っているわけじゃないですよね？　行動の変化から、愛情そのものが減ってしまったのでは？と不安になって、問題を感じているんですよね。

だから、彼が日常的に、アナタとの〈愛情確認〉をしてくれればいいんですよね。たとえば、優しい言葉を頻繁にかけたり、アナタに微笑みかけたり、手をつないでコンビニに行ったり、近所の河原に2人で出かけて手をつないで散歩をするとか、小さなことを日常的にやっていれば、こんな不満をアナタが感じるはずがないですよね。

もしもそれらのことを彼がやっているにもかかわらず、アナタに物足りなさが残るとしたら、それは基本的なコミュニケーションの価値観がズレています。

彼が大切だと思っていることを本気で実践《じっせん》していても、アナタの価値観の中で彼の行動があまり重視されるものでなければ、必ず物足りなさを感じますよね。

その解決策は、彼とアナタの両面からのアプローチが出来ますよね。

1つは、彼の行動が本当に彼の誠意に基づくものならば、表現方法が自分の価値観に合わなくても、彼の気持ちを尊重して感謝する気持ちが自分の内面に芽生えるように心がけること。

もう1つは、自分自身の価値観にとって最も大切なモノを彼にきちんと伝えること。「彼が何でこんなことをしてほしがるか、意味が分からない」。そんなことってありませんでした？　たとえばセックスでかもしれません。食生活でかもしれません。

でもパターンが分かれば、そのパターンに女性は合わせますよね。

男の人は女性に比べて柔軟性に欠けたり、感受性が鈍かったりするわけです。だからアナタは、愛しているって表現を言葉でしっかり伝えてほしいと思うとします。でもパートナーは、「毎週何度か抱いているから想いは伝わっているはずだ」、そう思っていたりします。そうなるとコミュニケーションにはズレが生じますよね。

そのすれ違いが起きていて、パートナーが無理をしないケースがマンネリを感じる原因ではないでしょうか。

すれ違っていることは気づいているのだが原因が分からないとき、本当は「愛している」ってささやくことが大切なのに、変な方向に走ったりします。

これを理解していないと女性のほうも、「原因は分からないけど不満は残るので何とかしろ！」と強制して、派手なデートにエスカレートさせるというケースもあります。

そうなると、デートは特別なことをしなきゃいけないというイベント主義になったりします。その無理が自分の器《うつわ》に合わなければ経済的にも苦しくなるし、時間的にも大変になります。デートに関して、男は最初は無理をするものです。それをずっと続けろと言われても、経済的にも切羽《せっぱ》詰まってきます。

夫婦間でも、大きい休みをわざわざ取って海外旅行や国内旅行に出かけるけれど、普段は近所に散歩も行かない、なんて考え方でやってるとうまくいきませんよね。

僕はコンサルタントとして、様々な会社をお手伝いさせていただいてきました。

そのなかで、実は社長さんが力を発揮できないときに、その原因が夫婦喧嘩だという例があります。

会社の経営者をやる男の人なんて、大抵は目立ちたがりで子供なので、大きく何かをしでかして奥さんを喜ばせようとしてしまいます。それ自体は大変結構なことですし、気持ちを感じれば奥さんも嬉しいでしょう。でも財布は結局同じなのですし、不透明な時間ができることに不安感を感じたりします。実際に、日頃の浮気をビッグイベントで穴埋めをしようとしている社長さんも少なくないですからね。

そこで僕は、「ひと言でもかまわないから電話をしたり、1行でもかまわないので毎日メールをしてあげてください」とアドバイスしたりするのです。そうすると、その社長さんは「愛している」なんて、こっぱずかしくて書けないよ。そう言い訳をしたりするのです。

こういった反応は日本の男の人には多いですよね。

だから、「今日会社のみんなと昼飯を〇〇で食べた。美味《おい》しかったから今度子供も連れて行ってやれ」なら書けますか？　と尋ねると、

「それならできる」とのこと。

そういう小さなことを積み重ねたほうが本当はいいですよね。安心しますよね。でも男の人は、大きなことを、他の誰にも負けないように出来るまで頑張ってからビックリさせてやろうと思ったりしてしまうのです。

何か特別なことをしたり、特別な場所に出かけなきゃデートじゃない、っていう感覚に陥っているとしたら、アナタが幸せを手に入れるのは非常に難しいですね。

そういう女性には共通点があるようです。それは派手なデートを楽しみたいのではなく、そういう状況に身を置かないと〈自分の価値〉を確認できなくなっているのです。その根底には〈恐怖〉があります。

これについては、ここまでに書いたことと基本構造は同じです。

彼の気持ちではなく、してくれた行動やプレゼントの値段で愛情の大きさを測るようになっています。その金額の大きさが減ると愛情が減ると感じているのです。

そして、その金額が安くなることは、アナタ自身の価値が下がったという事実を突きつけられると感じているのです。

ところで、それは真実でしょうか？

僕はビジネスマンでもありますし、ゼロから仕事を始めなければいけない人たちの相談に乗ることもよくあります。

そのときに共通点があります。おカネがないから成功できないと思う人って、おカネがあっても成功できないのです。

アナタがデートでどこに行ってもかまいませんし、ブランド物を持っても、それ自体はかまわないのですが、ブランド物の品質を理解できてからでないと本当は全然意味ないですよね。

もちろん僕も分かってません。だから僕が持っても意味はないですけどね。

多くの人がブランド物を手にすることで、自分も〈価値がある存在〉だと思い込みたがっていますよね。でも10代の女の子が不相応にブランド物のバッグを持っていたり高い時計をしていると、みっともなく見えませんか？　現時点では見えないのかもしれませんけどね。

ブランド物で身をかためている人を見ると、「不安なんだなぁ。恐怖で縛られているんだなぁ」と感じませんか？

男の人でブランド物で身を固めている人を、格好良いとアナタは感じる人ですか？

確かにブランド物って、品質が素晴らしいものもたくさんあります。

ロレックスの丈夫さは半端《はんぱ》じゃありません。ヴィトンのバッグも非常に丈夫です。だけど男の子でブランド物で身を固めている人って、「この子は恐怖に縛られていて生身で勝負できないいんだなぁ」と感じる人が多くありませんか？

デートのレベルが下がったのは、彼のアナタへの気持ちがなくなってきた証拠かもしれません。でも、そうではないかもしれません。

それを感じ取れる感性のほうが大切ですね。

オトコは弱いんだから励ましてあげて

夫婦喧嘩や恋人同士の大喧嘩。よくよく原因をたぐっていくと、そもそも最初のきっかけはほんの些細な行き違いや、つまらない一言ですよね。それが売り言葉に買い言葉で、どんどん大きくなって、「別れる」「離婚だ」ってなっちゃうもんです。

でも本当に些細なことなのかと言えば、これがお互いの心の琴線《きんせん》にカチンとくる言葉だったりするわけです。言った当人からすれば「こんなことで怒らなくても……」でも、聞いた相手にとってはとても傷つく決定的な言葉だったりします。彼氏が突然、怒り出すなんて場面にたびたび遭遇《そうぐう》する人は、ここらあたりの気遣いが足りないのかもしれません。

優秀な指導者になると、学校の先生でも、スポーツチームの監督でも、「すごいぞ！」と言ったときの反応と「お前は天才だ！」というときの反応の差もしっかり認識しています。

Aという選手は「すごいぞ！」だと最高に喜ぶけど「天才！」と言ってても反応がイマイチ。でも、Bは絶対に「天才！」と言われないと喜ばない。そんな個々人ごとのほめ言葉に対する反応ひとつでも、しっかり確認しているものです。

だから、その逆が存在することも気づいてほしいと思います。アナタにとっては「そんな言葉くらいで、あんなに怒るなんて頭がおかしいんじゃないかな？」と思うことで相手が激怒したとしても、それは仕方がないんです。実際によくあることなんです。

その原因は、小さい頃に深く傷ついた体験かもしれません。もしかすると今まさに現在進行形で、職場でのうまくいっていない上司の口癖なのかもしれません。

若い女の子たちの会話を聞いていると、男言葉で話す女の子、増えてますよね。

「お前、バカじゃん」などと、平気で男に言ってますよね。

最近の男の子は、それに慣れてしまって平気なように見えますが、実際に直接聞いてみると、恋愛対象としてはあまり好きになれないと答える男の子は多いですよ。

それよりも、甘えてきたり、甘えさせたりしてくれたほうが勇気づけられ、元気づけられるそうです。

こういう女らしい女性って、女性にはあまり好かれなかったりしますよね。でも、それはアナタの彼氏にも、その態度で接すると思っているからですよね。

それではアナタは、アナタの彼氏に彼女たち以上に甘えてますか？　甘えさせてあげてますか？　その質問にほとんどの女性は口ごもります。特に若い世代の女の子は。

自分が嫌うタイプの女性のように振舞わないようにしているのは分かります。

でも、自分の彼氏にだけは、しっかりしないといけないんじゃないですか？

実は、ここでいちばん気づいて欲しいのは、「お前」とか「馬鹿じゃん」というスタイルのコミュニケーションをとる女性は、自分がやりたいことを結構ストレートに言っていますが、欲しい結果が得られません（本当に好きな人には言えないというケースは別に話します）。

逆に、〈甘え上手〉〈甘えさせ上手〉の女性は、男性を上手にコントロールしますよね。それはアナタが男の人に考えさせないから、男の人がアナタに対して「やってあげたい」と感じる対象ではないから、ですよね。

キャバクラ嬢などで、表面的には荒いコミュニケーションをとるタイプが「買ってくれ！」とストレートに言って、ブランド物を買わせたりしますよね。でも、これは初歩レベルの駆け引きです。

最も自分の目的を達成できるのは、水商売でも相手を見極めて「この客は太い！（金持ち〉」と思った相手に対しては、「何も欲しくない」と言うタイプですよ。

計算高くなってほしいわけではありません。駆け引きとしてではなく、男が〈サポートしたくなる女性〉像の話です。助けたい気持ちを芽生えさせて、何をどのように行うか選択権を男に与えてくれる女性になったほうが、双方ともに幸せになるのでは。

酒乱で暴力男のカレ、更生させられる？

つき合ってみたら酒癖が悪くて暴れる、結婚した後に酒乱だとわかって、殴られる蹴られるの毎日。男の悪癖で悲惨な日々を送っている女性が増えています。酒ならよいけど違法ドラッグの中毒者も激増しています。

結論から言えば、お酒で豹変《ひょうへん》する男性とは、〈今すぐ別れる〉しかありません。アナタが専門的なセラピストやカウンセラーでもない限り。でも専門職の人でも日本ではレベルが低いので、ほとんど治った例を聞きません。

殴られてもズルズル関係を続けるのは、暴力の後の優しさに気持ちが先に向いているからですよね。

先日、暴力を振るう男とずっとつき合ってきた子から話を聞きました。

「暴力が始まると、その後の泣きながら看病する姿が思い浮かぶので、殴り始めた時点で許し始めている、むしろ、そのあとの普段にはない優しさに気持ちが向かって、ある種の期待感が湧いている」と教えてくれました。

ここまで強力な〈回路〉が形成されると、この関係から容易にはぬけられません。

この話は、共感できない人には吐き気をもよおすほど嫌悪《けんお》する話ですが、共感する人には「私も同じ」となる話ですね。複数の女性から確認を取りました。

酒癖が悪い男性、暴力を振るう男性は、アルコールが入っていないときにはすごく優しかったり、真面目《まじめ》だったりします。それが、ある瞬間からいきなり別人格に変わってしまうので、「本当の彼は良い人。私だけは分かってあげなければ……」と思ってしまいます。

そして、お酒さえやめればと思ってしまうんですよね。

この感情の〈振幅の幅〉が大きいから、心が揺さぶられて魅力的に感じてしまうんです。その心の動きをアナタが意識していても、無意識だとしても。

ここでアナタに質問があります。アナタには何か癖はありますか？　小さなモノで構わないから、毎日無意識にやってしまっていることです。

ちょっと考えてみてください。その癖を1度もやらないで、何日くらい頑張れますか？　すごく難しいですよね。

自分を変えることの難しさを考えたら、彼がいつかは心を入れ替えてくれるなんて考えるほうがどうかしています。

もちろん世の中には、治る人も皆無ではありません。でも非常に珍しいケースですよ。酒を飲んだら自分が前後不覚になって暴れることを、彼自身が気づいていないのではありません。アナタを殴る可能性が非常に高いことを知った上で飲んでいるのです。

さらに怖いことには、殴るために、その準備として気分を盛り上げるために飲む男さえいます。

その彼は本当に治るのでしょうか？

まず治らないでしょう。

タバコやお酒をやめるセラピーもたくさんありますが、優秀で成功実績の多いセラピストほど、やめたい気持ちが本気か最初に証明させます。その気持ちが本気だと納得しないとセラピーに入らないセラピストは多いですね。

だから酒乱の彼などは非常にやめさせにくいです。本人はやめる気ゼロですから。

と言うのは、アナタを殴り続けることは仕方がないと思っているからです。

要はアナタが瀕死《ひんし》の重傷を負ったとしても、それはやむなしと思っているわけです。

ウソじゃありませんよ。この彼が治ると思うほうがどうかしています。

この彼を許したいと感じるアナタは心が病《や》んでいます。すぐにでも治療を必要とするほどに。

家事を手伝うオトコ、手伝わないオトコ

「家事を手伝ってくれない彼に不満。均等に分担してほしい」

こんな不服を持っている奥さんがいっぱいいるそうですね。また、結婚はしていなくても、料理や洗濯などをお互いが半分に分担している若いカップルは最近では珍しくないそうです。非常に申し訳ないのですが、僕の周りではこういう話を聞かないので調べてみました。

共働きのダブルインカム夫婦なら、奥さんだって時間がありませんよね。体力的に負担が大きくなって、不公平だと感じるのかもしれません。

でも、家事を女性だけがやっていて、女性が不公平だと文句を言うケースには特徴があるようです。それは、女性に被害者意識が非常に強いということです。

女性だけが家事をやっていても文句を言わない家がある、という話をするつもりはありません。女性に我慢を要求したいのでもありません。

旦那さんが無理なく自然に家事を手伝っている家では、女性が被害者意識が強いということはまずないのです。

旦那さんが手伝ってくれるから女性に被害者意識が出ないのか、と思いますでしょ？

僕も最初は、そうなのかと思ったんです。でも違いました。

その証拠に、女性が被害者意識を捨てて楽しみながら家事をするようになると旦那さんが家事を手伝い始める、という現象がかなりの高い確率で起きたからです。

不満を持っている女性って、すごく男性を責めながら家事をやっていますよね。そういうカップルって同じくらい、「俺だって○○をすごく我慢しているんだ。だから家事くらいはやれ！」と、男性は共通して思ってます。

たとえば、男性のほうが収入が多いから、その収入の格差くらいは家事で埋めろ！と思っているわけです。でも、それを聞くと、女性は、世の中には専業主婦もいるのに男に甲斐性《かいしょう》がないから自分も働きに出ているのに……と思うでしょう。

こんな堂々めぐりが無限に続くわけです。もうやめませんか？

うまくいっているカップルはまったく逆なんです。男のほうの稼ぎが多くても、女性が働いていることに対して「助けてくれて有難いなぁ」とか、「彼女が輝くために外に出るのもいいね」と思っています。

そして女性は、その男性に少しでも喜んでもらいたいから、家事をするのが楽しいのです。そうすると、楽しそうに家事をしている女性を「助けてあげたい」とか「楽しそうだから俺もやってみたいなぁ」と思って家事を始めるのです。

正しいか否かで物事を見ると、どちらの意見も個別に聞くと一理あるものです。

でも楽しくはないですよね。きっとどこかに、〈楽しい選択肢〉もあるのではないでしょうか。

どっちかが正しい選択肢を探すと白か黒になっちゃいますけど、灰色でも楽しければいいじゃないですか。〈恋愛関係の達人たち〉は、関係の中に勝負を持ち込みません。関係を壊したとしても家事を男性にやらせたいのですか？　違いますよね。

でも強要すると関係は壊れるかもしれませんよね。

そしてアナタにだって我慢すればよいとは言ってませんよ。

ストレートに「アナタのことは好きだし関係をうまくやっていきたいけど、このままの関係だと愛されていないじゃないか？　家政婦あつかいをされているんじゃないか？と私は感じてしまうときがあるの」って伝えたら、彼が何て言うか、一度尋ねてみませんか？

「ごめん、そんなに辛いなんて、苦しんでいるなんて知らなかったから。気づかなくて悪かった」って言う男性多いですよ。

それでも「ふざけんな！　そんなの女がやる仕事だろ！」って言われたとしますよね。

アナタは、その男性とこれからもつき合い続けるんですか？　これは単に家事だけの話ではありませんよね。ストレートに自分の心を開いても、それを拒否する男性と我慢をしながらつき合っていたら、この問題は大きくなることはあっても小さくなることはないでしょう。そう思いませんか？　それは虐待の一形態ですもんね。

家事に限らず、いろいろと手伝ってくれる男性と一緒にいるよりも、自分がいろいろとしてあげたい男の人と一緒にいるほうが幸せですよね。

幸せになる男性と一緒にいたら、その男性は、アナタが苦しいことや辛いことはやらせないように心がけてくれますよね。その本質部分がいちばん大切です。

はたして理想の恋女房とは？

家庭がありながら、外で女性をつくる男たち、もしくは外で男をつくる奥さん。いわゆる〈不倫〉っていうのは増えてますよね。確かに、奥さんがいるのに他の女性に心を奪われる男に、もしも子供がいたとすれば、子供の教育上はよくないですよね。でも一夫一婦制が正しいかというレベルの話や文化的な話になると、答えはよく分かりません。でも、日本という国で生まれて育つプロセスの中で出来る価値観からすれば、取り残されたパートナーは苦しむとは思います。

外で別のパートナーをつくられちゃう場合には、取り残されたほうにも問題があるケースが多いですね。パートナーだけが悪いとは絶対に言えないと思います。

当たり前なんですけど、外で別のパートナーをつくる場合には、結婚相手と同じタイプってのは見たことないですね。かなり多くの事例を僕は知ってると思いますけど。

要するに、結婚相手では〈満たされていない部分〉があるわけです。

これが不倫をする側のワガママとしか言えないケースももちろんありますよ。

でも僕が相談を受けたときに、現状結婚している相手との離婚を勧めるケースもあるんです。

残された人生を生きるのに、今のパートナーと一緒にいることが絶対に幸せにつながっていないケースも少なくないんです。

この本は女性向けなので、女性の事例を紹介しますね。

目立つケースとしては、帰りたくない家庭を奥さんがつくってしまっているというのが非常に多いです。家庭内で子供の前で、お父さんの存在をバカにしている、さもなくば無視している。何でも奥さん主導で決めて、旦那さんの意見は無視する、など。

旦那さんが意見を言っても、奥さんが説得して丸め込んでしまう。

女性でも同じようにされている人は多いかもしれませんが、それによって受けるダメージが全然違います。男は弱いですから。自分に自信をくれる人を見つけないと、仕事も出来なくなっているケースはよくあるんです。

倫理的なことは無視して言えば、上記のようなひどい家庭から逃げて、愛人をつくってからビジネスで大きな業績を上げる人は多いです。残念ながら、事実としてはね。こんな家庭に帰りたいわけないですよね。帰らないのが当然です。我慢しているだけですごいです。僕には想像できません。

どうしても、子供と一緒にいる時間は、父親よりも母親のほうが長いですよね。その時間を使って、子供を自分の陣営に取り込もうとする母親は非常に多いです。でも、家に帰ったときの子供の反応を見れば、父親だって自分がいないときにどんな企みがそこで行われていたか、薄々感じます。

ひどい母親だと、父親の悪口を子供の前で言いますよね。「お父さんみたいにならないように」とか、「お父さんはバカだから」と聞いたことありませんか？　でも、その子のＤＮＡの半分は、そのお父さんのものです。子供が傷ついていないと思いますか？　それは虐待の１つの形ですよ。それも非常に強力な攻撃です。毎日毎日繰り返し繰り返し、洗脳を行うわけです。その母親の洗脳が成功したら父親を蔑《さげす》むようになるかもしれませんが、決して母親を好きになるとは限りません。多くの場合には母親も嫌われます。失敗すれば両親ともに顧みられないでしょう。

この家庭の父親が、外に女をつくる可能性は非常に高いです。そして、そうやって育てられた子供も理想のパートナーと結婚できないので、外に別のパートナーをつくるというケースは多いですね。

それとは反対の奥さんも、世の中にはいるわけです。「最後に帰る港はお前」ってやつです。

冷蔵庫の中身ひとつをとっても、「これが食べられるのも、お父さんのおかげ」って子供たちにいつも言い聞かせているそうです。

意味なんか分からなくていいんです。理屈なんか分からなくていいんです。「お父さんはすごい人だ。お父さんのお陰だ」って、子供は思いますよね。

その家に帰ったときには、子供にとっては好きな人が帰ってきたわけだし、父親も自分がいないときに良いことが起きていたと肌で感じますよ。

こういう奥さんがいる場合には、男が出来心で浮気をしても大抵は戻りますよね。

なぜなら、そのくらいのことをしてくれる女性が今の日本には少ないからです。

その優しさや気遣いを知ったら、他を試してみても、やっぱり元に戻りたくなりますよね。

一度ベストを知ったら、そこそこ良いという程度には耐えられないものです。

セックスって男と女の重要なコミュニケーション手段

〈愛〉と〈セックス〉は切っても切れない、密接な関係にあると思います。少なくとも両方が健康で五体満足である場合には。もちろん身体的な障害がある夫婦にセックスがなくても、2人の間には愛情がないかと言えば、絶対そんなことはありません。

でも、お互い健康なのに〈セックスレス〉は、やっぱりおかしいと思うんですよね。性行為がないのに「お前を愛している」。セックスレス夫婦の旦那がこう言い訳したとしても、それはウソのケースが多いですよね。

悪い男が女性を騙すときも、相手の気を引くために、「オレはお前の体が目当てでつき合っているんじゃない。愛しているからつき合っているんだ」なんて、セックスをしないことを巧みに利用したりするケースも少なくないですね。本当はカネが目的で、ルックスはタイプじゃないから抱かない、というのが、このケースの答えでは非常に多いですが。

普通、健康な男女間にセックスがない場合は、どちらかが精神面で不健康だという確率は高いと感じます。

と言うのは、セックスレスのカップルの場合、実は片方がセックスレスの考え方を持っているだけで、残りの片方は、それにただ妥協して合わせているだけというケースが非常に多いからです。要するに我慢しているだけですね。

だからセックスレスのカップルの場合、我慢している側はぜひ別れて、次のパートナーを探してみてはいかがでしょうか。

今、セックスレスにしようと提案してくる人が変化することを期待するより、自分が我慢をやめるほうがはるかに良い結果につながる可能性は高いです。

また、セックスがものすごくパワフルな癒し効果があると感じている人は男女ともに多いようです。単に欲望のハケ口というセックスもないとは言いませんが、欲望だけが目的のセックスでは、長期間にわたって続けることは難しいのではないでしょうか。

そもそも、触れ合うだけでも非常にパワフルな癒し効果がありますよね。触れることは、触れている側にも触れられている側にもパワフルな癒し効果があると感じている人は多いようです。

それと同時に、男女ともにパートナーの心が〈怒り〉や〈嫉妬〉に満たされているときに、その触れ方に差を感じて非常に大きな不快感を感じることも多いようですので、ぜひとも大きな注意を払ってください。

幸せなセックスが出来る人は、〈言葉〉にも〈視線〉にも〈態度〉にも、癒し効果が現れるようになるようです。

誰かが恋をし始めると変わりますよね。

そのときに自分も幸せだと、その場には癒しの感覚があふれませんか?

女性は感性が豊かなので、そんな経験をしたことがあると思います。

男性は鈍いので分からないようですが。

女性の中には、自分が幸せでないときに他人の幸せを感じると、孤独感を際立たせて感じる人がいると思います。

でも、そのときに、本当に嫉妬もなく、羨望もなく「良かったね」という感覚が広がるようになると、自分にも良いことが起きるようになると思います。

この感覚は、女性には理解してもらえると思うのですが、いかがでしょうか。

アナタの一挙手一投足、言葉も視線も、そしてアナタの存在そのものが癒し効果を持つようになってくれることを祈ってます。

SEIKO SHOBO

間《ま》違《ちが》いだらけのオトコ選《えら》び

◉著者
後藤《ごとう》よしのり

◉発行
初版第1刷　2003年5月30日

◉発行者
田中亮介

◉発行所
株式会社 成甲書房

郵便番号101-0051
東京都千代田区神田神保町1-42
振替00160-9-85784
電話03(3295)1687
E-MAIL mail@seikoshobo.co.jp
URL http://www.seikoshobo.co.jp

◉印刷・製本
株式会社シナノ

Printed in Japan, 2003
ISBN4-88086-145-6